(Par Henri de Goyon de la Plombanie, d'après Barbier.)

VUES POLITIQUES SUR LE COMMERCE,

OUVRAGE dans lequel on traite particuliérement des Denrées, & où l'on propose de nouveaux moyens pour encourager l'Agriculture & les Arts, & pour augmenter le Commerce général du Royaume.

A AMSTERDAM,
AUX DEPENS DE LA COMPAGNIE.
MDCCLIX.

AVANT-PROPOS.

IL y a plusieurs années que je médite de donner un Ouvrage général sur l'Agriculture, les Arts & le Commerce. J'aurois déjà rempli mon dessein, sans une foule d'obstacles qui se sont succédé les uns aux autres; mais toujours occupé de ces objets si essentiels au Gouvernement, & toujours animé du zele patriotique qui m'est naturel, je ne veux pas différer davantage de faire part au Public du fruit de mes méditations, & des idées que mon zele m'a fait naître à ce sujet. L'Agriculture, les Arts & le Commerce sont la source de toutes nos richesses, de l'aisance & du bonheur des Peuples, & le fondement de la puissance du Souverain. J'ai tenté de remonter jusqu'à l'origine & au premier mobile qui anime ces différentes branches, qui les fait mouvoir dans toutes leurs parties, & qui en fait sortir l'abondance de l'Etat. J'ai remarqué en même tems les causes premieres qui les font languir, qui les détruisent même quelquefois, ou qui les empêchent d'être portées à ce degré de perfection qui leur est nécessaire, pour en ressentir tous les avantages.

En recherchant tous les moyens possibles de les conduire à cette perfection, j'ai reconnu que la Nature, loin de se refuser à une telle entreprise, y étoit au-contraire plus favorable dans notre Continent, qu'en aucun autre lieu du Monde; & que la position particuliere de la France, au milieu de la zone tempérée, étoit la plus convenable, soit pour la propagation du Genre Humain & de toutes les especes d'Animaux, soit pour la production des Plantes les plus nécessaires à leur conservation,

Le terroir de la France, naturellement fertile, n'a besoin que du secours de l'Art pour développer toutes ses richesses, & fournir abondamment à la nourriture, au vêtement & à toutes les commodités de ses peuples : les deux mers qui environnent cette partie de l'Europe, & le grand nombre de rivieres qui se trouvent distribuées si à propos dans l'étendue de son terrein, ne laissent rien à desirer pour y pouvoir établir un Commerce des plus florissant. Le climat y est des plus heureux pour favoriser la population & l'exécution des plus grandes entreprises.

Le systême de notre Gouvernement, nos Loix ni nos Mœurs ne s'opposent point aux établissemens utiles qu'on pourroit faire à cet égard : le génie de la Nation au-contraire la porte d'elle-même, & la rend plus propre que toute autre, à faire valoir les avantages de son pays, par son ardeur à se procurer les commodités & l'aisance de la vie ; par l'ambition qu'elle a d'exceller, & son amour pour le Beau en tout genre ; enfin par son activité naturelle, & sa passion pour acquérir tout ce qui peut flatter son intérêt ou son plaisir.

C'est de ces heureuses dispositions du climat & des habitans, qu'on doit tout espérer : on peut former hardiment sur ce fondement toutes les entreprises convenables, & l'on peut sans témérité en attendre les plus grands succès : c'est aussi ce qui m'a fait entreprendre l'Ouvrage que je donne ici sur les établissemens que le génie de la Nation & l'avantage du Royaume semblent nécessairement demander. Je ne donne quant à présent qu'un essai, & comme le tableau abrégé d'un Ouvrage considérable, qui contiendroit tous les moyens de mettre à exécution

cution les projets les plus grands & les plus certains pour le bonheur de la Nation & la gloire du Monarque qui la gouverne.

On verra par cette ſimple eſquiſſe, que les foibles changemens que je prends la liberté de propoſer dans l'ordre actuel du Gouvernement Civil, procureront des biens infinis. On y verra que le Commerce des denrées, dont je fais mon principal objet, eſt la ſource d'où naiſſent tous les moyens qui peuvent faciliter la culture & l'amélioration des Terres, & que cette culture miſe & entretenue dans un état avantageux, portera le Commerce général du Royaume au degré le plus brillant. La réuſſite de tous ces objets principaux réveillera & animera tous les Arts, y reprendra une facilité & une émulation ſans égales, & conduira toutes choſes à un point de perfection qui ne s'eſt point encore vu. Les Peuples augmenteront en nombre comme en richeſſes; & le Souverain, dans la même proportion, augmentera en force & en puiſſance.

C'eſt ce que je me propoſe de démontrer avec la derniere évidence dans la continuation de cet Ouvrage: l'Eſſai que j'en donne, ſuffira pour faire concevoir l'idée d'un ſemblable projet, & pour en faire ſentir les avantages: on trouvera à la fin le point de vue général de toutes les branches de ce projet, que je me propoſe de traiter dans la ſuite, ſi le Public & le Gouvernement daignent y faire quelque accueil.

TABLE
DES ARTICLES
Contenus dans ce Volume.

VUES

VUES POLITIQUES SUR LE COMMERCE DES DENRÉES.

ARTICLE PREMIER.

L'irrégularité de l'Abondance, & la Disette des Récoltes, cause des préjudices considérables à l'Agriculture & au Commerce.

QUELQUE soin qu'on emploie pour améliorer les Terres du Royaume, quelque œconomie que l'on apporte dans l'Exploitation & dans le Commerce des denrées, jamais on ne pourra empêcher qu'il n'y ait des années de disette & des années d'abondance; & cette variation causera toujours un grand dérangement dans le Commerce & dans l'Agriculture. En effet, comme c'est le produit des Terres du Royaume qui fait l'aisance & la richesse des habitans, & que ce produit est sujet à bien des variations, à cause de la différente température des saisons, si on ne trouve pas le secret de donner une balance fixe à ces mêmes revenus qui font mouvoir notre commerce, aussi-bien que l'industrie des hommes, on ne pourra jamais empêcher que le flux & reflux, que ces extrémités de disette & d'abondance ne soient la cause d'un dérangement considérable dans le Commerce.

En général, quand le pain est cher dans le Royaume, tout le peuple est aussi-tôt dans la consternation, parce qu'alors l'argent monnoyé est presque tout employé à l'achat & au commerce des denrées, tandis que les autres languissent, faute de cet argent qui les met en action.

Il y a au moins quatre cinquiemes des habitans du Royaume qui ne vivent qu'au jour le jour, comme on dit, & leurs avances sont tellement bornées, qu'à la moindre variation qui survient dans le prix des denrées, leurs affaires en sont dérangées, & ils se trouvent souvent hors d'état d'entreprendre le len-

lendemain ce qu'ils auroient été en état de faire aisément la veille. Le peu de solidité qu'il y a dans toutes les choses dépendantes des vicissitudes des tems, donne une incertitude qui décourage tous les Etats & arrête toutes les entreprises.

Par exemple, supposons qu'un Fabriquant ait eu le bonheur de s'ouvrir un commerce réglé des marchandises de sa fabrique, peut-il être assuré que son commerce soit durable? Non: il ne faut qu'un rehaussement dans le prix des grains, ou le moindre changement dans le prix des matieres premieres; aussi-tôt cela influe plus ou moins sur la manufacture, & souvent la met en déroute, si l'Entrepreneur n'a pas des fonds suffisans pour pouvoir se passer du débit courant. Les Ouvriers ne pouvant pas vivre du même prix, dès que les nourritures auront augmenté de valeur, où ils se relâcheront dans la solidité de l'ouvrage, qni par conséquent en sera bien moins estimé, ou bien il faudra leur donner une augmentation de gages, ce qui renchérira le prix des marchandises, & diminuera d'autant le profit du Maître entrepreneur, qui ne pourra plus soutenir son commerce & se ruinera. Ce n'est qu'au moyen d'un certain bénéfice, que les Fabriquans trouvent dans leurs entreprises, qu'ils se sentent encouragés à faire certains essais au hazard, qui souvent servent à perfectionner l'invention, & à leur donner de la réputation dans leurs métiers; au-lieu que quand un Fabricateur, un Marchand ou un Agriculteur, se trouvent bornés dans leurs facultés, pour lors incertains de la réussite, ils n'osent suivre que les routes anciennes, & n'arrivent guere à un certain point de perfection, auquel les auroient conduites des tentatives nouvelles, qui auroient pu les engager dans une plus grande entreprise, & les auroient peut-être dédommagés avec usure des risques qu'ils auroient tentés.

D'ailleurs, si les denrées deviennent cheres, le produit des Manufactures manquera d'acheteurs; car la plupart de ceux qui pourroient se pourvoir sont, ou des gens qui vivent de leur revenu, & ceux-là sont alors fort serrés; ou ils subsistent par leur industrie & leurs talens, & alors ils manquent d'occupation & sont dénués de tout. Le nombre en est immense à Paris & dans les Provinces, & sur-tout à la Campagne où les peuples sont presque tous occupés à l'Agriculture; comment ces derniers surtout seront-ils en état d'acheter de nouveaux meubles, ou des ajustemens, si pour avoir même le nécessaire le plus succint, ils sont forcés de vendre ce qu'ils ont déjà, ou d'emprunter de leurs voi-

voisins, dans l'espérance de voir arriver un tems plus favorable? Souvent des années entieres se passent sans qu'ils en soient plus avancés, & voilà des familles ruinées, ou qui du moins ont beaucoup souffert. L'origine de tous ces malheurs tire sa source de la cherté des denrées, & celle-ci vient de l'intempérie de l'air: il n'est point au pouvoir de l'homme de s'y opposer.

L'Artisan, le Fabriquant, le Marchand & le Laboureur, sont également exposés à ces vicissitudes, qui apportent des obstacles invincibles à leurs entreprises, & les empêchent de profiter du fruit de leur industrie, & de leur assiduité au travail. Par exemple, si l'Artisan est restreint à vivre de la même quantité d'argent que lui produisent ses journées, & que les vivres soient plus chers, il est forcé de se réduire à une plus petite portion. N'étant pas suffisamment nourri, il ne pourra soutenir l'effort du travail, ni y donner toute l'application requise, ce qui tombe en pure perte sur la fabrication des différentes matieres ou marchandises, & ce qui en diminue le prix. Le Laboureur qui cultive les terres est obligé de faire des dépenses continuelles pour ses récoltes, à peine le produit est-il suffisant pour la nourriture & les gages des ouvriers qu'il y emploie; comment est-il en état de payer les charges & les taxes pour l'Etat. Les Seigneurs, les Bourgeois, ou autres Propriétaires des terres ne pourront être payés de leurs baux dans les années malheureuſes où les récoltes auront manqué, par conſéquent toutes ces perſonnes ſeront moins dans l'aiſance & dans la ſituation de pouvoir employer une partie de leur revenu à des choſes de luxe & de faſte, qui ſont les voies de conſommation pour le Commerce. Les dépenſes de la table, les nourritures & les gages des domeſtiques étant augmentés de beaucoup, il faut néceſſairement que les facultés de chaque famille décroiſſent en proportion, d'où il arrivera que chacun ſe retranchera le plus qu'il pourra à l'égard des dépenſes les moins preſſantes, le Commerce y perdra beaucoup; & loin qu'il y ait un auſſi grand nombre d'acheteurs que dans une bonne année, preſque toutes les perſonnes qui ſe trouveront dans le beſoin, vendront leurs meubles & effets ſuperflus à un prix ſi médiocre, que la valeur des marchandiſes neuves en ſera avilie; les Marchands ne trouveront pas à s'en défaire autrement qu'à leur perte, ou n'en tireront point de nouvelles des Manufactures. Dès que les Marchands n'en tireront plus, les Manufactures ſe trouveront arrêtées dans leurs opérations, en proportion de la cherté plus ou ou moins grande des denrées : il n'y a pas jusqu'à l'Agriculture qui ne s'en ressente ; car dans ces tems critiques, les Cultivateurs sont moins en état de donner de nouvelles améliorations à leurs terres, qui par la suite en deviennent moins fertiles. Les peuples, soit des Villes ou des Campagnes, en souffrent beaucoup, la plupart étant obligés de se servir d'alimens qui, dans des années plus favorables, auroient été donnés aux bestiaux pour les engraisser. Enfin c'est une perte sensible dans l'espece animale qui diminue & ne sçauroit si-tôt se réparer : c'en est pareillement une pour la population en général ; car dans les années *disetteuses* on remarque communément, qu'il y a beaucoup plus de morts, & bien moins de mariages que dans les années abondantes ; ainsi tous ces changemens influent sur tout, & la population est toujours plus ou moins grande, à proportion de l'aisance & de l'occupation du peuple : tel est le tort que cause la cherté des denrées & de toutes les matieres premieres, qui servent aux Manufactures.

Les années extrêmement abondantes produisent à-peu-près les mêmes désordres, cette autre extrémité plonge presque tout le peuple dans l'oisiveté & la débauche : dès que les petites gens se trouvent avoir leur nécessaire abondamment, ils deviennent insolens & paresseux, ils oublient aisément leurs calamités passées; & comme ils ne sçavent pas prévoir l'avenir, ils ne s'occupent que du présent: c'est suivant le prix que les denrées valent au Marché, qu'ils réglent leur travail. Si l'on veut alors les engager à faire quelque ouvrage un peu pressé, il faudra pour les faire travailler les payer davantage, & par conséquent les mettre dans le cas d'une plus grande paresse; car on remarque que dans toutes les professions, plus un ouvrier est habile & adroit à l'ouvrage, plus il se fait payer, & cependant s'assujettit moins & en fait beaucoup moins qu'un autre d'une réputation bornée; ainsi les fabriques font alors bien peu d'ouvrage. Je conviens que l'aisance générale où se trouvent alors les Peuples & les Grands, occasionnent une consommation plus grande des marchandises de toute espece; mais aussi les Commerçans qui trouvent de ces marchandises chez l'étranger à un prix plus modique, tâchent d'en introduire en contrebande une grande quantité, ce qui fait un tort infini aux nôtres. Les ouvriers qui dans les tems de disette étoient restés sans rien faire, faute de trouver de l'occupation, se trouvant maintenant dans une espece d'abondance, ne daignent pas travailler, & préferent de vivre

vre dans l'oiſiveté & dans la débauche; d'où il s'enſuit que de toutes les manieres il ſe fabrique moins de marchandiſes. Le principe de ce vice dans l'ordre politique, vient de ce que le prix des denrées eſt toujours trop haut ou trop bas, & que juſqu'à-préſent on n'a pas encore pu trouver le moyen de le fixer.

Les ouvrages de la Campagne ne ſont pas moins retardés que les autres, car les ouvriers n'y ſont pas meilleurs que dans les Villes. Quand le bled eſt à bon compte, les Cultivateurs ont de la peine à s'en défaire, & avec toute l'abondance imaginable ils ſe trouvent dans une eſpece de miſere, pour pouvoir payer leurs propriétaires & les impoſitions. A-la-vérité ils nourriſſent leurs domeſtiques à grand marché; mais auſſi les gages augmentent de beaucoup, ſans quoi on ne trouveroit pas à ſe faire ſervir.

J'ai dit plus haut, que dans les tems de diſette, la plus grande partie de l'argent étoit employée à l'achat des denrées; ici, c'eſt tout le contraire: plus il y a d'abondance dans les denrées, moins on a d'argent à pouvoir y placer; car alors on l'emploie tout aux autres Commerces qui ne ſont que de luxe & d'agrément. Voilà ce qui fait la miſere des Laboureurs, qui quelquefois ſont plus à plaindre dans ces tems, que dans les années qui n'ont fourni qu'une demi-récolte. De plus l'indolence & l'oisiveté de leurs domestiques mettent leurs terres dans le cas de n'être pas si bien travaillées, & il n'est pas surprenant qu'elles produisent moins les années suivantes.

Ainsi ces deux extrémités, sçavoir, l'extrême disette des grains, & leur grande abondance dans les excellentes années, causeront toujours dans le Commerce un flux & reflux, qui portera une atteinte générale à tous les Etats, tant qu'on ne trouvera pas moyen de fixer le prix des denrées, dans les bonnes comme dans les mauvaises années: dans les tems de disette, les Peuples sont exposés à la famine; l'Agriculture est négligée par l'impuissance des Cultivateurs; le Commerce est rallenti, parce que les aisances & les facultés des habitans diminuent en proportion, & qu'ils n'ont tout au plus que le simple nécessaire, & qu'il ne leur reste aucun superflu dont ils puissent disposer en faveur des Commerces de moindre nécessité; les finances par ce moyen se trouvent arrêtées, & il n'y a d'argent que pour l'achat des denrées les plus nécessaires à la vie.

Dans le second cas, c'est-à-dire, quand les denrées sont abondantes, c'est encore une situation critique & dangereuse pour un Etat: le petit-peuple, comme je l'ai dit plus haut, se plonge dans l'oisiveté & dans la crapule, & pousse, faute

de

de réflexion, ſes vices à l'excès; il produit un déſordre preſqu'auſſi préjudiciable qu'auroit pu faire la plus grande cherté des vivres.

Les anciens Egyptiens avoient prévu tous ces inconvéniens: conduits par une politique qu'on ne peut trop admirer; ils avoient, pour y remédier, fait conſtruire en différens endroits de l'Egypte de vaſtes magaſins. Lorſque les débordemens du Nil avoient cauſé dans tout le Royaume une grande abondance, les Rois y faiſoient acheter les grains ſuperflus que l'on portoit dans ces greniers publics; & quand ils en étoient remplis, on jettoit le ſurplus dans le Nil.

Comme il eſt ordinaire qu'après quelques années abondantes, il en ſurvient d'autres qui ſont ſtériles, & où les récoltes manquent, ſoit que le Nil manquât à déborder, ou que la crûe d'eau fût trop forte, alors on ouvroit les magaſins publics, le peuple alloit chercher du grain pour ſa ſubſiſtance, & on lui diſtribuoit des ſecours, ſans leſquels il n'auroit pu réſiſter à la diſette & à la famine; mais en même tems pour tenir le peuple en haleine & dans une occupation continuelle, on l'obligeoit de travailler à la conſtruction de ces fameuſes Pyramides ou de ces fameux Edifices publics, plus utiles encore que magnifiques, qui, par des canaux ſolides, ſervoient

voient à voiturer par-tout les eaux du Nil, & portoient la fécondité dans toute la basse Egypte. Les vestiges qui nous restent encore des ouvrages de ce tems, sont autant de monumens de la sagesse du gouvernement des Egyptiens, qui connoissant le foible de l'humanité, & ayant plusieurs fois éprouvé le tort que causoient ces deux alternatives de la disette & de l'abondance, prenoient les moyens efficaces de remédier à ces inconvéniens qui sont la suite des irrégularités du Nil, de-même que la variation des récoltes chez nous, est causée par l'irrégularité des saisons.

Je conviens que ces deux extrémités ne sont pas si communes, & qu'elles sont moins sensibles parmi nous. Il n'arrive gueres que nous ayons une disette de grains totale dans tout le Royaume, comme il est très-rare d'un autre côté, de rencontrer des années où la récolte soit assez abondante, pour que les grains n'ayent aucune valeur; mais si les choses ne sont pas tout-à-fait portées à ce point, du-moins il n'est que trop ordinaire que nous éprouvons de tems à autre, tant dans les grains que dans les autres denrées de premiere nécessité des chertés, qui, comme je l'ai déjà observé, causent au Commerce un préjudice infini : car quand les grains ne manqueroient pas dans tout le Royaume à la fois, & qu'une ne partie seroit en état d'en fournir à l'autre par la voie du Commerce, les frais de transport qui seroient considérables d'une Province souvent éloignée à une autre, & les gains que font les Marchands dans ce cas, en augmentent de beaucoup le prix, & occasionnent toujours une partie du mal que j'ai exposé. Pareillement si l'abondance est un peu grande, le prix de la denrée en est entiérement avili; le Marchand y met un taux si bas, que les particuliers qui en ont du superflu, sont obligés, pour s'en défaire, & faute de pouvoir le conserver pour une saison plus convenable, de le donner presque pour rien, de maniere que loin de profiter de cette abondance, ils tirent à peine assez d'argent de leurs grains pour payer les impositions & se dédommager des frais de culture, qu'ils ont été obligés d'avancer. Le Marchand qui est contraint de faire voiturer au loin pour en avoir le débit, en voit souvent doubler & même tripler le prix de la premiere valeur par les frais exorbitans qu'il lui en coûte. Tout cela tombe en pure perte pour le cultivateur & l'acheteur, desorte que tous les ordres de l'Etat s'en ressentent: tels sont les inconvéniens dangereux pour le Commerce & la subsistance d'un Etat; il seroit bien à propos de les détruire, & il ne seroit peut-être pas impossible d'y réus-

réussir, en imitant en quelque sorte l'exemple des Egyptiens, & en faisant construire dans différens endroits de chaque Province, de vastes magasins, où l'on conserveroit dans les années favorables le surplus des grains, pour suppléer aux années de disette.

ARTICLE II.

Observations sur les Magasins à grains qu'on peut établir en France.

CETTE matiere a été beaucoup discutée depuis quelque tems. On a trouvé que nos peres ont eu, comme nous à ce sujet, les mêmes idées; mais la question a toujours été indécise. Tantôt on a permis le Commerce des grains de province à province, tantôt on l'a empêché, à cause des abus qui s'y commettoient; de-même aussi on a tantôt permis, & tantôt prohibé l'exportation des grains chez l'étranger. Comment se déterminer? Le peuple cultivateur n'est point en état par lui-même de faire des magasins, & de conserver le surplus de ses grains dans les années d'abondance pour les années de disette. Il y auroit même à appréhender, si en général les propriétaires des terres se trouvoient dans une aisan-

aiſance proportionnée à une telle entrepriſe, qu'ils ne ſe relâchaſſent dans le travail, & que l'Agriculture n'en ſouffrît une perte conſidérable.

On a remarqué, qu'auſſi-tôt que le Laboureur ſe trouve un peu dans l'aiſance, il ceſſe de ſe livrer aux travaux pénibles de la charrue, & s'en débarraſſe ſur des mercenaires qu'il tient à ſes gages. Il cherche à donner à ſes enfans une éducation ſupérieure, & diſproportionnée à ſon état. Voilà pour la ſuite autant de ſujets qui abandonnent l'Agriculture, & qui augmentent, ſoit dans les Provinces, ſoit dans les Villes, une eſpece de peuple fainéant, qui ne s'occupant preſqu'à rien, deviennent autant de membres inutiles dans l'Etat: par ce moyen, les terres n'ont jamais le nombre des ouvriers néceſſaire pour les cultiver comme elles devroient l'être, & pour leur faire produire les fruits dont elles ſeroient capables, ſi on leur donnoit toutes les améliorations poſſibles. Il eſt démontré qu'il ne faut jamais que le petit-peuple ſoit aſſez opulent pour ſe ſouſtraire aux travaux néceſſaires de l'Agriculture. Il ne ſeroit gueres moins dangereux de le mettre dans une ſituation trop aiſée, que de le laiſſer expoſé à une miſere qui le privât du néceſſaire, & le réduiſît à l'affreuſe néceſſité de vivre des alimens deſtinés aux brutes.

Si

Si on laisse à des Marchands le soin d'enlever dans les campagnes les bleds superflus des années d'abondance, pour en faire des magasins sur les lieux mêmes, on verra arriver ce qui arrive tous les jours; ces Marchands n'entreprendront ce commerce, que dans la vue d'y gagner considérablement, & de faire rapporter à leur argent le même intérêt que dans les autres Commerces, c'est-à-dire, au moins dix pour cent. Pour cet effet, comme ils sçavent très-bien leur compte, & qu'ils sçavent spéculer aussi-bien que qui que ce soit, ils ne voudront, dans les années d'abondance, acheter les grains qu'à un prix très-modique; par conséquent ils n'enléveront qu'une partie du superflu: à l'égard du restant, le Cultivateur ne trouvant pas à s'en défaire, la fera consommer à ses bestiaux, ce qui est une pure perte pour l'Etat, comme l'a très-bien observé Mr. Duhamel dans son *Traite de la maniere de conserver les grains*. Si ce Marchand fait des magasins, ou il faudra qu'il les fasse construire à ses propres dépens sur son propre fonds, & d'une maniere propre à son commerce, ou bien il faudra qu'il les loue: voilà des capitaux ou des intérêts qu'il fera supporter, comme il est juste, sur la vente des grains; les pertes & les déchets qui surviennent à ses grains, sont en-

encore des raisons pour en augmenter le prix ; enfin ajoutez sur le tout dix pour cent de profit sur tous les capitaux & avances pour chaque année, il s'ensuivra que si ce bled demeure trois années en magasin, ce bled, quoiqu'acheté à vil prix, deviendra très-cher, pour peu que le Marchand y gagne : si les Magistrats veulent s'en mêler, & les taxer, comme la chose paroît assez juste, le Marchand qui aura fait cette tentative, n'y trouvant pas à faire un certain profit, ou ne voudra plus l'entreprendre une autre année ; ou s'il est assez hardi pour le risquer encore, il achettera les bleds à des prix si modiques, que le Cultivateur n'y trouvera que de la perte. Ensuite, quand les grains, dans une autre année un peu moins abondante, auront haussé de prix, le Marchand cherchant, comme il est juste, à faire rentrer ses fonds, sera en état de lâcher un peu la main pour vendre ; la vente qu'il fera de son grain, nuira encore à la vente du peu de grain qu'aura le Cultivateur, qui par ce moyen n'en deviendra que plus misérable, & le peuple n'en mangera pas le pain à gueres meilleur marché.

Enfin, pour reprendre en deux mots tout ce que je viens de dire, si l'on entreprend de faire des magasins à grains, soit par nn Commerce libre entre plusieurs petits Marchands, soit que de puis-

 santes

ſantes Compagnies de gens riches & opulens ſe forment pour cela, ou que ce ſoient des perſonnes prépoſées par le Roi qui le faſſent au profit de ſes finances, on n'en ſera pas beaucoup mieux pour cela : car toutes ces perſonnes, quelles qu'elles puiſſent être, attireront à elles la meilleure partie du profit ; deſorte que ni le Cultivateur, ni le Conſommateur, ne jouiront d'aucun avantage, & il y aura toujours une différence immenſe dans le prix du bled, dans les années de diſette & les années abondantes : ces différences laiſſeront ſubſiſter les mêmes inconvéniens, les mêmes déſordres, dont je me plaignois au commencement de cet Ouvrage, & ne feront qu'ajouter à la cherté ordinaire un prix qui fera toujours tenir le pain cher, ſans que cela puiſſe encourager l'Agriculteur, ni les Artiſans : car le Laboureur ne profitera d'aucun des avantages de ces magaſins, les Artiſans & les Ouvriers fabriquans ſeront obligés d'acheter les vivres à plus haut prix ; par conſéquent il eſt viſible qu'ils ſe trouveront hors d'état de donner leurs ouvrages à un prix plus bas, au contraire ils ſeront forcés d'en augmenter la valeur ; & nos voiſins qui entretiennent leurs denrées ſur un pied plus fixe & plus réglé, ſeront toujours dans le cas de pouvoir donner les marchandiſes de leur fabrique à un prix plus

plus bas que les nôtres. Par exemple, l'Angleterre eſt dans l'uſage de recueillir plus de bled que nous à proportion ; & par des réglemens de Police que le Parlement a fait, il ſe maintient preſque toujours au même taux, au moyen d'une certaine gratification de tant par meſure de bled que l'on tranſporte hors de l'Ile. Lorſque le prix du bled paſſe une certaine ſomme fixée, l'Etat encourage les Marchands à faire fleurir le Commerce, & le bled ſe ſoutient à un certain prix, qui n'eſt ni aſſez haut pour faire ſouffrir le peuple, ni aſſez médiocre pour le jetter dans l'oiſiveté. Le prix du bled paſſe-t-il le taux fixé, la gratification ceſſe, & alors on n'en fait plus ſortir de l'Etat : on remarque auſſi que communément les Anglois mangent beaucoup moins de pain que les François à proportion ; par conſéquent il eſt rare que leurs terres ne produiſent pas une quantité de grains ſuffiſante pour leur conſommation. La Hollande eſt dans l'uſage d'avoir du bled & de manger le pain en tout tems au même prix, c'eſt l'Etat qui fournit le grain au peuple, & qui va le chercher dans les Contrées où il ſe trouve être à meilleur marché. Donc, ſi nous n'y faiſons une ſérieuſe réflexion, ces Peuples qui ſont nos rivaux pour le Commerce, ont & auront toujours un grand avantage ſur nous à cet égard, ſur-tout les

Hollandois qui ſont plus ſobres & laborieux, moins portés au libertinage que les François, tant à cauſe de leur climat qui eſt plus froid, qu'à cauſe du défaut de vin qui nuit & dérange beaucoup les Ouvriers François.

Il ſeroit donc fort à ſouhaiter que l'Etat voulût adopter quelques moyens qui puſſent nous préſerver efficacement des inconvéniens qui arrêtent notre Commerce, ainſi que les progrès de l'Agriculture & de la Population. S'il m'étoit permis de hazarder quelques idées nouvelles ſur cette matiere, je ſerois preſque certain d'avoir levé le point de la difficulté. Je me flatte même que la Politique de notre Gouvernement trouveroit dans ce projet des vues aſſez étendues pour le Bien public, qui ſerviroient à affermir encore plus la Puiſſance Royale, & à augmenter conſidérablement ſes forces de terre & de mer, ainſi que le Commerce de la Nation. Comme je n'ai d'autre deſſein que de me rendre utile à ma patrie, & que mon zele ne m'écartera jamais de mon devoir envers mon Prince, je ne crois pas être blâmé, en fourniſſant au Public un moyen qui me paroît ſi eſſentiel à ſon bonheur, ou du moins qui ne peut jamais lui être préjudiciable, quelque interprétation qu'on puiſſe donner à mes idées.

Voici donc un nouveau Projet que je pré-

présente au Public, pour établir dans tout ce Royaume de vastes magasins, dans lesquels on pourra, pendant les années d'abondance, rassembler toutes les denrées superflues, & même les matieres premieres, qui servent à nos fabriques, afin que dans tous les tems on puisse maintenir une balance presque uniforme dans le Commerce; de maniere, par exemple, que le pain qui se vend dans les Marchés de la Capitale ne puisse jamais valoir moins d'un sol six deniers, ni jamais plus de deux sols la livre, & à proportion dans toutes les Villes du Royaume & dans les Campagnes, pour réserver pareillement & rassembler tous les autres grains, légumes, vins & autres denrées, qui par ce moyen seront toujours à des taux proportionnels à leurs qualités; établissement qui tourneroit également au profit du Roi, à celui des Cultivateurs, & à celui des Consommateurs, & qui maintiendroit l'uniformité si importante dans le Commerce.

ARTICLE III.

Idée générale d'une Compagnie d'Agriculture, divisée en Compagnie particuliere, pour la régie des Magasins à grains, & autres entreprises tendantes à l'avantage de l'Agriculture.

NOus avons commencé par prévenir nos Lecteurs contre les Compagnies qui se forment pour faire des entreprises générales à leur profit; nous avons même fait connoître combien elles sont préjudiciables au Bien public, & par la même raison combien elles ont d'inconvéniens qui nuisent au bien de l'Etat, qui est inséparable de celui des particuliers. Le nouveau moyen que nous allons proposer, n'aura rien de commun avec ces Compagnies, que le nom. A l'égard des principes qui serviront de base à cette Compagnie, ils seront totalement opposés à toutes les regles établies parmi les Compagnies ordinaires. Les membres mêmes qui la formeront, ne seront pas des gens puissent se choisir eux-mêmes, & qui soient obligés d'apporter des fonds pour avoir intérêt dans la Société. On y recevra indifféremment tous ceux qui réuniront les qualités requises, pour y pouvoir entrer: toutes les

les conditions pourront y être admises indistinctement, pourvu que leurs intérêts semblent se concilier avec le bien général de la Société. Cette Compagnie n'aura d'autre Chef que le Roi, & sera gouvernée suivant des regles & des statuts qui seront simples, & mis à la portée de tout le monde, afin que tous les intéressés, depuis le plus petit jusqu'au plus grand, soient en état d'en être instruits, aussi-bien que de toutes ses délibérations, ses dépenses, recettes, &c. Tout sera rendu public, sans en rien excepter; & par ce moyen les moindres membres pourront participer à la connoissance des affaires générales de la Compagnie, par la connoissance qu'ils prendront des affaires particulieres.

ARTICLE IV.

Des Membres qui composeront cette Compagnie, & des qualités requises pour y être admis.

LE Bien public nous paroît demander, que pour composer cette Compagnie d'Agriculture, on ne fasse choix que des gens qui posséderont les fonds de terre ou rentes seigneuriales sur les terres qui sont dans le Royaume; ainsi à l'exception des Eccléſiaſtiques & Communautés Religieuſes, & de tous particuliers qui n'auront pas au moins en propre cinq arpens de terre en une ſeule piece, ou pour mille livres de fonds de terre, tout le monde pourra être admis dans la Compagnie. Les actions vaudront à proportion de la valeur des biens en fonds de chaque intéreſſé; ou des rentes ſeigneuriales qui ſeront appréciées, en exceptant néanmoins le prix des maiſons, moulins & autres machines & engins, qui étant ſujets à bien des variations, ne paroiſſent pas d'une nature aſſez ſolide, pour entrer en comparaiſon avec les fonds de terre qui ne peuvent jamais manquer.

J'ai cru devoir écarter de la Compagnie les Eccléſiaſtiques. Ce ſoin pourroit les diſtraire de leur occupation principale, qui eſt l'inſtruction des peuples; leurs terres étant des fonds morts, elles ne doivent point participer comme celles des autres ſujets de l'Etat, au bénéfice qui pourra réſulter pour la Compagnie. A l'égard des particuliers qui n'ont pas au moins cinq arpens de terre en une ſeule piece, je les ai exceptés du nombre de la Compagnie, afin d'écarter le petit-peuple qui ne feroit qu'y introduire de la confuſion. La précaution d'exiger au moins cinq arpens en une ſeule piece m'a paru utile,

afin

afin d'obliger à l'avenir les gens de la Campagne à ne point morceler les terres comme ils font en les divisant, ce qui nuit beaucoup à l'Agriculture.

La Compagnie sera divisée par districts d'environ vingt ou trente Paroisses, chacun plus ou moins, & sur une espace de terrein, qui, dans les bons pays, pourra contenir à peu-près quatre lieues quarrées, autant qu'il se pourra faire; chacun de ces districts formera un arrondissement, où l'on réunira les Paroisses qui seront le plus à la portée d'un Chef-lieu, où se tiendra le Bureau de la Compagnie pour ce district, & où l'on formera les assemblées, quand il en sera nécessaire; ces districts seront appellés *subdélégations*; ainsi toutes les généralités du Royaume se trouveront divisées en subdélégations.

Il faudra que dans chaque subdélégation, on forme une carte topographique exacte de la possession de chaque habitant, avec une note de la nature de ses terres, de leurs qualités; pour la culture des bleds & autres plantes nécessaires à la vie animale ou au commerce, le prix ou la valeur arbitrés de ces terres, suivant la valeur ordinaire qu'elles ont dans chaque lieu, & relativement à leur valeur naturelle & intrinseque; on aura soin de marquer dans ces cartes jusqu'aux moindres côteaux, vallons, rivieres, ruiſſeaux & ſources, les chemins royaux qui y paſſent, ainſi que ceux de ſervice, les villes, bourgs, villages & hameaux, les moulins & engins, le nombre des habitans, leur profeſſion, leur âge, qualité & ſexe; le tout ſera mis en note, à la marge de chaque carte.

On en fera de-même dans chaque diſtrict, ſubdélégation par ſubdélégation: on conſervera une copie de cette carte, qui ſera miſe en dépôt dans le bureau de chaque ſubdélégation, & on en enverra une autre au Bureau de la Généralité. Ce dernier bureau ſera compoſé de deux perſonnes que chaque diſtrict y députera, & qui ſeront Conſeillers-membres de chaque généralité. Il y aura dans ce bureau un Grand-maître nommé par le Roi, un Procureur du Roi, un Controlleur, un Inſpecteur, un Ingénieur, qui ſeront tous gens pour le Roi, à ſes gages & en commiſſion. Mrs. les Intendans des généralités préſideront à toutes les aſſemblées du bureau, & y auront une voix; il y aura un Directeur & un Tréſorier, que les Agens de la généralité nommeront à la pluralité des ſuffrages, mais qui ſeront des perſonnes choiſies d'entre les principaux intéreſſés, & les plus capables pour diriger les affaires; ces deux perſonnes ſeront électives, & leurs fonctions dureront deux ans, c'eſt-à-dire, que tous les ans on en élira

élira une, & que le Tréforier paffera à la direction la feconde année, pour faire place au nouveau Tréforier qui fera élu. Il y aura un Greffier perpétuel, que les Agens de la généralité nommeront, ainfi que le nombre des Commis qui feront jugés néceffaires, pour tenir les Livres & les Regiftres.

Il faut abfolument obferver que le Bureau de chaque Subdélégation, fera compofé de quatre Préfidens, lefquels feront choifis entre les plus notables du diftrict. On élira tous les ans un nouveau Préfident, & ils pafferont tour-à-tour, felon leur date de réception, à la charge de premier Préfident, & quand ils auront fervi un an en cette qualité, ils feront exempts de fervice, à moins qu'il ne plaife à la Compagnie de les nommer à quelque Emploi fupérieur. En général, les affemblées feront compofées, 1. de tous les Syndics que chaque Paroiffe aura nommé & député, pour y foutenir & difcuter fes droits. 2. De tous les particuliers qui auront au moins vingt mille livres de fonds en terres dans l'étendue de la fubdélégation, on n'y en recevra jamais qui en ayent moins, afin d'en écarter le petit peuple & d'éviter la confufion; d'ailleurs, il y en aura affez des Syndics qu'ils nommeront par Paroiffe, pour repréfenter les habitans intéreffés qui n'auront pas voix délibérative.

In-

Indépendamment de ces quatre Présidens, des Syndics & des particuliers qui auront voix délibérative dans l'assemblée, il y aura un Trésorier pris dans le nombre des quatre Présidens en charge; il ne pourra l'être, que tant qu'il sera quatrieme, troisieme ou second Président; mais lorsque son tour sera venu d'être premier Président, il cédera sa charge à celui qui le suivra immédiatement.

Les Gens du Roi seront, un Ingénieur, un Inspecteur & un Controlleur, devant qui tout sera proposé & délibéré, si l'on veut que les Actes ayent la valeur requise, & ces Gens du Roi n'auront qu'une voix chacun. Remarquez que toutes les fois que ces assemblées tiendront, il ne se fera aucun repas aux dépens de la Compagnie; chacun vivra à ses frais, ainsi qu'il l'entendra: ceux qui manqueront de se trouver aux assemblées que le premier Président convoquera, seront taxés à une amende pécuniaire, au profit de ceux qui seront présens; & ceux qui s'absenteront des assemblées générales, lesquelles se tiendront tous les six mois, payeront une amende qui sera fixée au sixieme du produit qui leur reviendra pour leur portion dans ladite Compagnie, & cette amende sera partagée au profit des assistans, après que les Présidens auront pris le sol pour livre

vre sur la somme pour leurs droits, comme Présidens, & indépendamment de la part qui leur reviendra encore, comme membres particuliers. On ne pourra se dispenser d'assister à ces assemblées, que pour cause légitime, comme maladie, dispense du Roi pour avoir vaqué à son service, ou pour fonctions de Charges Royales qui demandent résidence, & portent avec elle leur exemption. Les Seigneurs titrés pourront pareillement se dispenser, s'ils le veulent, d'assister à ces assemblées en personne; mais il faudra qu'ils y envoient en leur place des personnes chargées de procuration, & capables de les représenter, encore ne pourront-ils jouir de ce privilege, que dans le cas où ils posséderont dans le district pour quarante-mille livres au moins de bien en fonds de terre; les veuves, & en général toutes les femmes n'auront jamais de voix délibérative dans ces assemblées; mais elles pourront envoyer en leur place des personnes fondées de procuration, pourvu qu'elles possedent dans le district pour quarante-mille livres de biens de terre, comme il a déjà été dit ci-dessus.

Ces observations & ces réglemens ne sont imaginés que pour fixer un certain ordre, qui servira de regle & de point fixe à cette Compagnie. Le Lecteur peut déjà entrevoir le but de cette Société,

ciété, & sentir que l'objet de ces assemblées est de traiter d'une voix unanime, de tout ce qui aura trait à l'Agriculture, & qui peut tendre à l'avantage du Commerce des denrées. C'est cette Compagnie qui formera d'abord un Plan ou Projet d'Agriculture générale pour le district; ses membres qui connoissent mieux que personne la qualité du terroir de leur district, assigneront & détermineront par Paroisse, quelles sont les terres qui conviendront le mieux à chaque culture, soit en grains, en prairies, en vignes, en bois, en chanvre, &c. conformément à l'objet de la consommation, 1. pour le district, 2. pour le commerce particulier du dehors du district, & ce, suivant ce qui sera jugé le plus avantageux pour l'Etat & pour les particuliers. L'Ingénieur pour le Roi, le Controlleur & l'Inspecteur présideront à toutes ces délibérations, & donneront leurs attestations pour les projets de réforme tendante au bien général de l'Agriculture du district.

Quand les cartes & projets seront une fois dressés, & qu'elles auront passé à la pluralité des voix, on les enverra toutes au Bureau de la Généralité pour y être réunies dans une seule carte, & examiner sous d'autres points de vue plus vastes & plus étendus pour le bien commun de la généralité, afin de donner à tou-

toutes les productions de la terre de cette généralité, la valeur la plus favorable que faire se pourra, par un commerce égal & proportionné sur chacune, & tendant toujours au plus grand rapport & à la qualité des terroirs. Les intérêts de chaque subdélégation seront discutés par ses Agens, qui seront tous des gens choisis, en état de connoître les véritables intérêts de leur district, & qui les exposeront en pleine assemblée en présence de Mrs. l'Intendant, le Grand-maître & autres Officiers Royaux qui y présideront; on pourra réunir à ce bureau la Jurisdiction des eaux & forêts, & des ponts & chaussées de la Généralité. On nommera ce bureau *agriculture, ponts & chaussées*, pour ne pas multiplier les êtres sans nécessité.

Les délibérations qui auront été faites & arrêtées dans les Bureaux des Généralités seront renvoyées au grand Bureau général de la Compagnie, qui sera tenu à Paris.

Toutes les Généralités du Royaume y députeront chacune un Agent pour y discuter leurs droits & en représenter tous les avantages. Ces Agens seront à-peu-près, comme sont aujourd'hui les Députés du Commerce de chaque Ville. On choisira pour remplir ce poste de confiance, la personne qui aura le plus grand intérêt dans la Généralité, & qui

en

en même tems rassemblera en elle toute la capacité nécessaire, & sur-tout beaucoup d'impartialité, & peu d'attachement à son intérêt particulier. Le Bureau de chaque Généralité sera le maître de changer ses Agens toutes les années, s'il le juge nécessaire.

Ce bureau, composé de Mr. le Controlleur-Général, de Mrs. les Intendans-Généraux des Finances, de Trésoriers, de Directeurs, tous gens nommés par le Roi, & par commission, pour examiner & combiner les différens exposés des Agens de chaque généralité, afin de les concilier tous, & de ne faire dans ce bureau, qu'une seule voix décisive pour tout ce qui concernera l'Agriculture & le Commerce en général de toutes les denrées du Royaume, relativement au bien de la chose commune, & au plus grand avantage des Provinces de l'Etat. C'est à ce bureau, comme on vient de le dire, que seront arrêtés les statuts & réglemens, les distributions des terres pour la culture des plantes à grains, à fruits, & autres, pour l'utilité du Commerce & pour le plus grand bien de l'Etat; sur ces délibérations & arrêtés qui auront été scellés au bureau général, les bureaux de chaque Généralité feront tirer des copies particulieres qu'ils enverront à chaque district, afin que l'on s'y conforme, & que les terres soient par

par ce moyen cultivées & ensemencées, suivant l'intention du Roi, émanée du Bureau général d'Agriculture.

ARTICLE V.

Observations particulieres sur la Compagnie d'Agriculture.

LE Lecteur a pu déjà observer, par les réflexions qu'on lui a mises sous les yeux, que la Compagnie d'Agriculture qu'on lui propose, est bien différente de tout ce qu'on a encore imaginé dans ce genre. 1. Le nombre des membres en est très-considérable; car elle admet, à très-peu de chose près, tous les principaux possesseurs des fonds de terre qui sont dispersés dans toute l'étendue du Royaume & dans les Campagnes, & qui sont plus à portée par eux-mêmes de régir leurs affaires communes, & plus intéressés que qui que ce soit au bien général de l'Agriculture; puisqu'ils en sont les chefs.

2. En y faisant participer la Noblesse indistinctement avec la roture, je donne à cette premiere & principale partie des citoyens de l'Etat les moyens d'accroître considérablement leurs revenus, sans que pour cela, s'ils le jugent à propos, ils soient chargés du soin, ni a-

ſtreints aux occupations qui aſſujettiront la roture ; ils n'auront pour cet effet qu'à obtenir des diſpenſes du Roi, qui leur ſeront facilement accordées ; d'ailleurs le Service Militaire, & les fonctions des grandes Charges Royales porteront leurs exemptions avec elles, pour tous ceux qui y vaqueront. Je crois même qu'il y auroit très-peu de Gentilshommes qui ne ſe fiſſent un plaiſir de ſe trouver aux aſſemblées de leur diſtrict, & d'y être admis au rang des Préſidens, d'autant plus que leur intérêt particulier s'y trouveroit. Ces aſſemblées reſſembleroient à-peu-près aux ſéances d'une Académie d'Agriculture. Chacun y expoſera ce qu'il aura à propoſer ; & tous, les uns à l'envi des autres, travailleront à faire des découvertes en ce genre, dont on pourroit profiter & faire uſage, quand, à la pluralité des ſuffrages, elles auront été jugées utiles à la Société, & qu'elles auront été bien conſtatées par des expériences. D'après cette idée, je crois qu'il n'y auroit gueres de Sciences qui fuſſent mieux cultivées que celle de l'Agriculture, qui en effet eſt la plus eſſentielle de toutes, & celle qui contribue le plus au bien-être & à la félicité des peuples. On ne doit pas craindre qu'une pareille aſſociation puiſſe jamais cauſer aucun déſordre dans l'Etat ; au contraire toutes ces opérations tendront au bien général,

ral, dès qu'il y aura des regles qui les fixeront & ne permettront jamais de s'en écarter. Nous allons proposer les plus essentielles de ces regles, qui serviront de principes & de base à toute l'entreprise.

1. On ne fera les districts que de dix-huit à vingt Paroisses, qui seront comprises dans un arrondissement où il y aura quelque Chef-lieu un peu considérable. Par ce moyen, on évitera les embarras & la confusion qui régneroient nécessairement, si ce département étoit plus étendu. Chaque district sera contenu dans ces limites, & tiendra ses assemblées particulieres, sans que, sous aucun prétexte, ils ayent rien à discuter les uns avec les autres; si ce n'est vis-à-vis du Bureau de la Généralité, qui sera, à proprement parler, le tribunal de la seconde Jurisdiction, qui décidera des contestations entre district & district. On pourra, si on le juge à propos, en appeller au Bureau général d'Agriculture de Paris, qui sera la Jurisdiction Souveraine; tous ces Juges seront Royaux, les Conseillers seront des Députés ou Agens des Généralités, gens consommés dans la pratique de l'Agriculture, de-même que les Juges ou Magistrats nommés par le Roi, seront pleinement instruits des vues politiques & générales du Commerce, & de l'intérêt de la Nation, afin de

veiller à ce que le bon ordre ſoit maintenu, & qu'il regne cette harmonie qui eſt abſolument néceſſaire dans toutes les différentes parties qui compoſent le Gouvernement. Mr. le Controlleur-Général fera au Conſeil privé du Roi le rapport de toutes les affaires intéreſſantes de cette Compagnie, afin d'obtenir, ſuivant les occaſions, les nouveaux Edits & Déclarations qui leur paroîtront néceſſaires, & que la Compagnie aura demandés. On voit ſous ce point de vue général, que les intérêts de la Compagnie ſe réuniront tous avec celui de l'Etat, & que ces opérations ſeront toujours dépendantes de la volonté du Souverain qui en ſera le Chef, & comme un Pere de famille. Encore une fois, il n'y aura jamais rien à craindre de funeſte à l'Etat de la part de cette Compagnie; car étant partagée en différens diſtricts, qui auront chacun leurs intérêts particuliers à conduire, ils ne ſe mêleront jamais des affaires les uns des autres: il n'y aura, comme on l'a dit plus haut, que les ſeuls Bureaux des Généralités qui en auront l'inſpection; car chacun des bureaux des diſtricts particuliers ſera obligé de faire part au bureau de leur Généralité, de toutes leurs délibérations, qui ne pourront avoir de force, que quand elles auront été reçues & approuvées dans le Bureau général, ſur-tout lorſqu'il s'agira

de

de quelque innovation qui ſera jugée importante pour leur intérêt, relativement à l'Agriculture & au Commerce des denrées.

Cette Compagnie ainſi diſpoſée dans toute l'étendue du Royaume, peut, ſous un point de vue politique, être conſidérée comme quelque choſe d'analogue à toutes les troupes qui compoſent nos Armées, ou à la régie des Droits Royaux. Ces deux branches du Gouvernement font une partie des forces de la Monarchie, & ſont ſi bien contenues entr'elles, & ſi bien combinées, qu'elles ne ſont formidables que dans les mains du Souverain, l'ame & le principal mobile de ces deux puiſſances, qui donnent l'action à tout le reſte de l'Etat.

Expliquons-nous: il n'y auroit rien de ſi terrible & de ſi difficile à contenir, que les troupes militaires, ſi elles étoient toutes ſoumiſes immédiatement à un même Chef, & qu'il n'y eût à leur tête qu'un ſeul Colonel-Général, ſur-tout encore, ſi en même tems ces troupes ſe trouvoient toutes à portée les unes des autres. Comment le Roi pourroit-il en diſpoſer, ſi les Chefs qui les commanderoient, n'avoient à répondre & à obéir qu'à un ſeul homme qui ſeroit à leur tête, comme étoient autrefois les Généraux Romains qui ſe rendoient maîtres du Sénat & de la République. Dans les

Gouvernemens Monarchiques on a très-bien reconnu la défectuosité de cette pratique; aussi a-t-on partagé toutes les troupes en différentes bandes ou régimens, qui ne contiennent qu'un petit nombre d'hommes. On a même subdivisé ces régimens en bataillons & en compagnies particulieres, afin de pouvoir mieux distribuer à chaque petit chef la police de discipline, & en même tems de maintenir la subordination dans tout le corps. On a fait encore plus; on a donné à chaque régiment des marques distinctives dans les différens uniformes, & on a soin de ne jamais les laisser habiter long-tems ensemble, de crainte qu'ils ne contractent une trop forte union ensemble; & pour mieux empêcher cette union de sentimens, on excite entre les différens corps des jalousies & une certaine émulation, qui fait que chacun prend un esprit & un intérêt particulier qui devient naturel à chaque régiment. Si l'on met à la tête de ces corps de troupes de jeunes Seigneurs pour les commander, j'en apperçois deux raisons également politiques; la premiere est, afin de faire résider la puissance du commandement dans des Chefs encore foibles & sans expérience, tandis que l'on établit sous eux des Chefs fort expérimentés, qui n'ont d'autre objet que d'entretenir ce corps dans une exacte discipline,

pline, & de commander dans les cas nécessaires: la seconde raison est, qu'en faisant couler les graces par le canal de ces jeunes Seigneurs, le Souverain se les attache de plus en plus. Cette conduite oblige la plupart des Colonels à lui faire assiduement leur cour, ce qui fait en même tems une pépiniere de Courtisans, & même de Généraux qui apprennent mieux à la Cour l'art de commander, qu'ils ne feroient sans-doute s'ils résidoient toujours à la tête de leur régiment, où leurs vues dans le métier de la guerre se borneroient aux simples devoirs du soldat.

Pareillement les finances se trouvent départies entre plusieurs Chefs particuliers, éloignés les uns des autres, & répandus généralement dans toutes les parties du Royaume, sous l'inspection d'autres personnes préposées par le Roi, qui veillent également aux intérêts du Maître, & à ceux des particuliers. Les Intendans des Généralités sont des Magistrats placés par le Souverain, pour tenir la balance entre les sujets du Royaume, & les personnes préposées à la levée des Deniers Royaux: ces deniers passant ensuite par différentes mains avant que d'arriver au Trésor Royal, sont tellement divisés, qu'ils ne sont pas capables d'exciter l'ambition de personne pour s'en servir contre l'intérêt de l'Etat:

d'ailleurs on se sert, pour les percevoir, de mains peu suspectes, & d'un crédit peu dangereux. Cette politique n'est point ordinairement apperçue par le Vulgaire; il est persuadé que les choses en iroient mieux, & qu'il seroit plus avantageux pour l'Etat, que les Deniers Royaux pussent parvenir tout d'un coup au Trésor Royal, qui est le dépôt général, & enfin qu'il n'y eût qu'une espece d'impôt seul & unique: ils ne sentent pas que plus les impôts sont divisés sous différentes dénominations, exploités & perçus par différentes personnes, dont l'esprit, le génie & l'intérêt se trouvent partagés, plus le Souverain conserve de pouvoir & d'autorité sur eux. Les Receveurs-Généraux sont comme autant de sources & de canaux particuliers qui versent les richesses ou plutôt les revenus de l'Etat dans la masse générale, qui est la Puissance Royale; au-lieu que si toute cette finance ne venoit que par une seule voie, qui la transmît tout d'un coup à la Puissance Souveraine, il pourroit arriver, qu'avant qu'elle pût y parvenir, semblable à un torrent impétueux, elle auroit causé de grands désordres: il en est de-même par rapport à la distribution de cette finance à tous les sujets qui doivent y avoir part; ainsi jamais le Prince qui gouverne, n'est plus puissant & plus formidable, que quand les ressorts

prin-

principaux de ſon pouvoir ſuprême ſe trouvent partagés en différentes claſſes, & diſtribués à différentes perſonnes, dont le principal moteur eſt dépendant de la volonté du Souverain. Voilà ce que l'on peut appeller la vraie Puiſſance Légiſlative.

Si je ſuis entré dans ces détails, qui paroîtront peut-être étrangers à mon ſujet, c'eſt afin de faire voir à mes Lecteurs, par ces deux objets de comparaiſon, que la Compagnie d'Agriculture que je propoſe pour tout le Royaume, étant diviſée en petites portions, & ſéparée, comme elle le ſeroit, & faiſant toujours ſa réſidence dans toutes les Provinces du Royaume, n'auroit jamais qu'un pouvoir très-limité, puiſqu'il ſe trouveroit réduit tout au plus à ce que peuvent dix-huit ou vingt Paroiſſes, qui n'ont d'autre intérêt à chercher, ni d'autre objet à ſuivre, que le repos & l'occupation domeſtique, qui leur ſera particulier; mais toutes ces ſubdélégations étant ſubordonnées à la généralité, & enſuite paſſant au bureau général, par les différens canaux des Députés, qui ſeront animés chacun par des vues d'intérêt, qui les empêcheront d'être jamais réunis que dans la volonté du Roi, il en réſultera un nouveau genre de Puiſſance & de Légiſlation, qui ne peut jamais exiſter que par ce moyen. C'eſt, pour

 ainſi

ainsi dire, ramener toutes les affaires particulieres de chaque famille qui possede des Biens de campagne, à la direction du Pere commun de la Société, sans que jamais les peuples soient exposés à craindre de la part du Souverain, la moindre atteinte aux loix qui n'auront d'autres fondemens que l'équité & l'intérêt commun : c'est ce que l'on verra d'une maniere démonstrative, par les détails dans lesquels j'entrerai, à mesure que j'expliquerai les différens objets qui seront du ressort de cette Compagnie.

ARTICLE VI.

Des Magasins à grains.

J'AUROIS pu traiter d'autres sujets aussi essentiels à la Compagnie d'Agriculture, & les développer aux yeux de mes Lecteurs, avant que d'entrer dans le détail des Magasins à grains, qui seront un des principaux emplois dont elle sera chargée ; mais comme chacun des divers objets qui la concernent, sont, pour ainsi dire, isolés, & indépendans les uns des autres, nous pouvons les traiter indistinctement dans l'ordre qu'ils se présentent à l'imagination.

J'ai

J'ai dit précédemment, que chaque district ou subdélégation feroit dresser une carte topographique de toute son étendue; on aura soin de marquer dans cette carte un lieu pour servir d'emplacement à un magasin à grain, de maniere que ce magasin soit placé au centre du district, & à portée en même tems de quelque port de riviere navigable. Il faudra lui donner une étendue proportionnelle à la quantité des grains que peut fournir le district dans une année de moyen rapport, & qu'il sera très-facile d'évaluer. Car, en réduisant tout à la mesure de Paris, qui servira de mesure générale & unique pour tous les magasins à bled du Royaume, afin de ne causer aucune confusion dans l'ordre général, on peut compter que pour loger un septier de bled à cette mesure, il faudra 7912 pouces cubes d'espace, par conséquent pour un muid qui contient douze de ces septiers, il faudra 55 pieds cubes; & ainsi il est aisé de déterminer la grandeur que chaque magasin devra avoir.

Supposons que dans un district de l'étendue d'environ vingt Paroisses, quand les terres seront dans un état de moyen rapport, il y ait 20000 arpens de terre, dont les deux tiers à-peu-près soient destinés à la culture des grains, froment ou seigle, & que de ces deux tiers il n'y en en ait que la troisieme partie qui donne du grain toutes les années, comme il est assez ordinaire dans toutes les Provinces septentrionales du Royaume, on aura donc chaque année 4444 arpens de terre ensemencés en grains, qui, en supposant qu'ils rapportent du fort au foible chacun six septiers de grains, donneront par conséquent une récolte de 26664 septiers ou 2222 muids de bled, qu'il faudra pouvoir loger dans un magasin fait exprès, tel que celui dont nous allons donner la méthode de la construction, & le plan le plus convenable pour pouvoir y recevoir les grains du district, les y conserver, & les distribuer au peuple commodément & sans embarras.

Si l'on veut que ce magasin soit capable de contenir 26664 septiers de bled ou 2222 muids, il faudra que les loges dans lesquelles on mettra les grains pour les conserver, ayent une capacité de 122210 pieds cubes, en supposant que chaque muid occupe un espace de 55 pieds cubes: ainsi si l'on donne à chaque loge destinée à recevoir le grain 10 pieds de dimension dans tous les sens, chacune contiendra 10000 pieds cubes; & afin de pouvoir contenir tout le bled du district, il faudroit que le magasin fût composé d'environ 22 loges: il n'en coûteroit pas beaucoup pour faire construire un pareil magasin dans les campagnes,

pagnes, pourvu que tous les travaux des excavations pour les fondemens, les charrois des matériaux, & les manœuvres pour servir les ouvriers qui les bâtiront, se fissent à la corvée & aux dépens du district. Or cela me paroît assez juste, puisque c'est un bien qui, dans les suites, deviendra commun, & dont tous les habitans doivent tirer avantage avec le tems. Il n'y aura donc que certains matériaux qu'il faudra acheter, & la principale main-d'œuvre, pour laquelle il faudra faire des avances. Parcourons en peu de mots cet objet, & entrons dans le détail.

ARTICLE VII.

Description d'un Magasin à grain, propre à recevoir toutes sortes de grains, & à les y conserver avec sûreté pendant plusieurs années.

POUR serrer dans un magasin à bled, tel que nous allons le décrire, jusqu'à la quantité de 2222 muids de bled, froment ou seigle, sans compter les autres grains de Mars, 1. il faut lui donner 138 pieds de longueur sur 28 de largeur. 2. On divisera cette largeur, après qu'on en aura retranché 6 pieds pour

pour l'épaiſſeur des deux murs, en deux parties égales, ce qui donnera juſte 11 pieds de largeur pour chaque loge ou diviſion particuliere. 3. Chacune de ces loges de 11 pieds ſe trouvant réduite à 10; au moyen de 2 pieds qu'il faut déduire pour la cloiſon ou le mur de ſéparation, & pour la boiſerie. 4. On diviſera également tout le magaſin dans ſa longueur en onze parties; comme nous avons ſuppoſé cette longueur de 138 pieds; ſi on en retranche 6 pieds pour les deux gros murs, & 2 pour chaque mur de ſéparation, il reſtera environ 10 pieds pour chaque loge: ainſi le magaſin contiendra 22 loges, dont chacune aura 10 pieds en hauteur, longueur & largeur; ces loges n'occuperont que le milieu du bâtiment; elles ſeront conſtruites ſur autant de voûtes qui formeront par bas un marché diviſé en autant de parties qu'il y aura de loges. Le haut de ces loges ſera fait en voûte, & au-deſſus on fera un grenier ſur toute la longueur & largeur du bâtiment, & qui aura 12 pieds en hauteur.

La ſtructure interne de ces loges demande une attention particuliere. La voûte inférieure ſur laquelle porte la loge, ſera recouverte par un plancher de fortes planches de chêne, portées & ſoutenues par des poutrelles, qui appuyeront ſur la voûte, & qui elles-mêmes

mes seront posées par leurs extrémités sur des pierres de taille de trois pouces seulement de hauteur ; ces poutrelles, comme on vient de le dire, porteront un bon plancher fait de planches de chêne bien épaisses ; & afin qu'elles ayent plus de force, on les placera tout proche les unes des autres, & même on les posera de *quart en coin.* On clouera les planches de chêne épaisses, on les placera sur l'angle de ces poutrelles, après l'avoir tant soit peu émoussé, afin d'y ajuster les planches, & qu'elles soient bien jointes & avec précision. Tout l'intérieur des cellules sera boisé solidement ; mais il faut observer, qu'indépendamment de la boiserie, il doit se trouver à chaque loge 10 pieds justes en dedans.

Le plancher des bois de chêne, dont on vient de parler, sera percé très-fréquemment de trous de deux pouces de diamettre au moins, & ces trous seront recouverts par des plaques de fer-blanc, percées à jour, & criblées de petits trous, comme les grilles à raper du tabac.

Il régnera dans toute la longueur des voûtes souterreines deux tuyaux de terre, bien luttés, pour voiturer l'air d'un ventilateur, qui sera mu par un cheval, & placé dans un petit logement construit à l'extrémité du magasin. Il y aura encore à ces tuyaux un autre tuyau particuculier adapté, lequel communiquera sous le plancher.

Cet air qui sera contraint par l'effort du ventilateur, de passer par tous ces petits trous de plaques de fer-blanc; s'insinuant ainsi dans les interstices des grains de la loge, détachera l'humidité, rafraîchira le bled, & l'empêchera de se corrompre. Remarquez, que quand les grains ne seront pas parfaitement secs, on aura un poële fait exprès, dans lequel on fera passer l'air pour l'échauffer, & communiquer la chaleur dans les loges, à l'effet de sécher & de préserver les grains des insectes. J'ai déjà donné au Journal de Novembre 1752 une explication particuliere de ces cellules, en parlant d'une nouvelle garde-pile. Quand le bled aura été mis dans les cellules ou loges, bien net & purgé de toutes sortes de mauvais grains, si on a besoin de le rafraîchir de tems en tems par le moyen du ventilateur, on le conservera tant de tems que l'on voudra, dès qu'une fois on l'aura rafraîchi toujours dans l'automne, l'hiver & le printems, & qu'on aura eu la précaution de ne le renfermer entiérement qu'au mois de Juin de l'année suivante.

Depuis le pavé du rez-de-chaussée, jusque sous la clef de la voûte, il y aura une élevation de 10 à 11 pieds. Ce rez-de-chaussée servira de halle ou mar-

ché

ché à bled; quand il sera nécessaire d'ouvrir les magasins pour le Public, c'est dans cet endroit qu'on mesurera les grains, à mesure qu'ils sortiront, avec la même mesure dont on se sert à Paris.

Pour cela on pratiquera au plancher & vers le milieu de la loge, un trou de deux pouces en quarré, en forme d'entonnoir, & qui percera la voûte. C'est par ce trou que l'on versera le bled de la loge, dans ce marché.

Il y aura une pareille ouverture d'un pied & demi en quarré, pratiquée dans la voûte supérieure de la loge, qui établira communication de la loge avec le grenier, qui est immédiatement au-dessus; & comme ce grenier est consacré à recevoir les grains que l'on apportera au magasin, il sera aisé de les faire passer tout de suite dans la loge, par le moyen de cette ouverture. Ces deux ouvertures se fermeront & s'ouvriront à la main, toutes les fois qu'on le voudra, par le moyen d'une petite porte, garnie de deux bonnes serrures, avec leurs clefs particulieres, dont l'une restera entre les mains du premier Président, & l'autre dans celle du Controlleur.

C'est dans ce grenier que seront placées toutes les machines que j'ai décrites dans le *Journal Oeconomique*, année 1757, en parlant du Commerce des grains, pour les nettoyer de toute ordure, & pour les trier; on obſervera exactement d'en faire trois claſſes ou ſortes, & on ne recevra dans le magaſin que les deux premieres; la troiſieme ſera remiſe au particulier de qui ſera le grain, ainſi que les mauvais grains & les ordures qui lui appartiendront de plein droit, pour les employer à ſon uſage ou à celui de ſes beſtiaux, comme il le jugera à propos. Le particulier, dont on aura ainſi criblé ou trié le bled, payera cinq ſols par ſeptier de bon bled, pour les frais du criblage, triage & nettoyage; & ces cinq ſols par ſeptier appartiendront aux Commis qui ſeront chargés de ce ſoin, & leur tiendront lieu de gages. Si les grains n'étoient pas bien ſecs quand on les apportera au magaſin, on les fera paſſer à l'étuve, dont il y en a une à chaque extrémité du magaſin, conſtruite ſuivant le modele qu'en a donné Mr. Duhamel. Dans le cas où le grain ſera ſec, ou à peu de choſe près, il ne ſera pas néceſſaire de le faire paſſer par l'étuve; il achévera de ſe ſécher ſuffiſamment dans les cellules, au moyen du ventilateur ou du poële, s'il le faut; ſi cependant il ne l'étoit pas aſſez, & que ſon humidité allât juſqu'à un certain point, comme alors il ſeroit renflé, & que la meſure n'en ſeroit pas juſte, on le feroit paſſer à l'étuve; le propriétaire payera dans ce cas encore cinq sols par septier pour cette dépense, & on ne mesurera son bled que quand il sera sec. Il sera donc de l'intérêt des particuliers de bien sécher & nettoyer leurs bleds, avant que de les porter au magasin, afin d'être plutôt expédiés, & d'avoir moins de déchet.

Toutes ces opérations se feront en présence de l'Inspecteur & du Controlleur nommés par le Roi, & d'un Président d'entre les trois derniers en charge. Le Greffier tiendra un registre exact des grains qui seront reçus dans le magasin, & il en donnera son récépissé, signé aussi du Président, en présence de qui les choses se passeront, afin que le particulier puisse aller, muni de ce papier, recevoir le prix de son bled, chez le Trésorier de la Compagnie.

Au-dessus du grenier dont nous avons déjà parlé, on en élévera un qui sera destiné pour y déposer les grains de Mars, comme avoine, orge, légumes en grain, ou bled de Turquie.

Dans la proportion, ce grenier contiendra assez d'espace pour pouvoir les y placer tous; car ces especes de grains ne font ordinairement que la moitié, & souvent que le tiers de la quantité du froment & du seigle. Comme ces grains sont moins délicats, ils feront de meilleure garde; & ils ne demanderont pas

 tant

tant d'attention que le bled; cependant on ne les recevra qu'après qu'ils seront bien secs & bien nettoyés de toute ordure. Les propriétaires payeront trois sols aux Commis, pour les frais de nettoyage, & pour les emmagasiner. On aura des machines faites exprès pour les monter dans ces greniers. Le logement qui se trouve immédiatement au-dessous du grenier, sera destiné à tenir le marché pour ces grains. S'il arrivoit que l'abondance des grains fût si considérable qu'on ne pût les loger tous dans le grenier commun, on pourroit alors en mettre en magasin dans la partie du logement où il y auroit déjà des cellules garnies. Par ce moyen, on auroit plus de place qu'il n'en faudroit, pour tout serrer dans ce magasin public.

Il faut observer que ce seront les particuliers eux-mêmes, qui feront voiturer leurs grains au magasin, quand ils voudront s'en défaire; de-même qu'ils iront tous en chercher au magasin, quand les grains seront augmentés, c'est-à-dire, quand ils seront devenus un peu rares, desorte qu'il n'en coûtera rien, ou fort peu de chose pour la régie de ces magasins; parce qu'on n'y recevra jamais les grains qu'ils ne soient bien secs, & que quand il sera question de les vendre, ils se trouveront un peu gonflés & augmentés de volume; ce qui donnera un un bon de meſure, peu conſidérable à-la-vérité, mais qui dédommagera des petits faux frais. Nous ne compterons donc rien pour cet article; il n'y aura de dépenſe à faire que pour la conſtruction même des magaſins & des logemens des Commis.

ARTICLE VIII.

Idée générale de la premiere dépenſe pour les Magaſins à grains, tels qu'il faut qu'on les conſtruiſe, ſuivant le plan qu'on en a donné ci-deſſus.

SUIVANT les dimenſions que nous avons preſcrites ci-deſſus, pour un magaſin à grain, capable de contenir 2222 muids de bled froment, meſure de Paris, & une moitié en-ſus pour les grains de Mars, il faudra environ 645 toiſes quarrées de gros murs, qui auront trois pieds d'épaiſſeur. Je les eſtime, pour la façon de main-d'œuvre des Maîtres-maçons ſeulement, à 3 livres la toiſe quarrée, parce que je prends des gens de corvée pour aider aux Maçons. Cet objet fait une dépenſe de 1935 livres, auquel ſe joint encore 3 livres par toiſe, pour l'achat de la chaux, & le tirage de la pierre ſeulement, cela

 fait

fait encore un article de 1935 livres. Il faudra entre les terres & le magasin, un contremur de 2 pieds d'épaisseur, 23 toises de longueur, & 4 toises de hauteur. Cet article monte à 92 toises de mur, qui, à raison de 40 sols la toise pour la façon, & autant pour la pierre & la chaux, montera à une dépense de 368 livres. Plus, pour les pierres de taille des portes, des fenêtres & des encoignures, je mets une somme de 300 livres; la fermeture des portes & fenêtres, avec les serrures bien conditionnées, ce qui montera environ à 30 portes ou fenêtres, coûtera de plus, à raison de 15 livres, pour chacune une somme de 450 livres; la boisure de chaque cellule ou loge, & ses planches monteront, tant pour la main-d'œuvre, que pour le prix du bois, y compris les plaques de fer-blanc trouées, les tuyaux, les fermetures, le ventilateur, en un mot, tout ce qui dépendra desdites loges ou cellules, estimées, à raison de 100 livres pour chacune, fera un objet de 2200 livres; la charpente, le plancher du grenier & la couverture peuvent être estimés à-peu-près, suivant un prix moyen du fort au foible, une somme de 4000 livres; les bâtimens des Commis, qui formeront deux ailes, avec l'enceinte d'entrée, la Chambre du Conseil, le Greffe, formeront bien encore une dépense de 5000 livres.

Ainsi

Ainſi la dépenſe totale ſe réduira donc à ce qui ſuit.

1. Pour la main-d'œuvre de maçonnerie du magaſin .	1935 l.
2. Pour l'achat des pierres & de la chaux.	1935 l.
3. Pour les frais de contre-mur de terraſſe	368 l.
4. Pour les pierres de taille des portes, fenêtres & encoignures.	300 l.
5. Portes, fenêtres & ſerrures.	450 l.
6. Pour la boiſerie des cellules & de tout ce qu'il faudra pour les mettre en état de conſerver les grains, ſuivant le projet.	2200 l.
7. Pour la dépenſe des charpentes, planchers, couvertures, &c. priſes en bloc.	4000 l.
8. Pour le logement des Commis, Chambre du Conſeil, Bureau, Greffe, &c. . .	5000 l.
Le total ſe montera à	16188 l.
Ajoutons encore à ces ſommes, pour environ 1200 livres de machines à nettoyer les grains & pour les étuver; cela fera en totalité un objet de	1200 l.
Total général	17388 l.

 Com-

Comme il y aura de quoi loger dans ce magasin, d'une part, 26664 septiers ou 2222 muids de bled ou de seigle, & environ la moitié en-sus, en grains de Mars, ou légumes, cela formera un espace pour loger 39996 septiers ou 3333 muids de grains. Il est très-visible qu'il n'en coûtera gueres en général, que 10 sols par septiers, proportion gardée du fort au foible: or cette dépense ne fait pas le tiers de ce qu'il en coûteroit, pour mettre tous ces grains dans des sacs.

On voit d'après cette supposition, que la dépense d'une pareille entreprise, conduite par une Compagnie, qui sera sur les lieux, & intéressée par elle-même à œconomiser, & à faire travailler à la corvée, ne coûtera pas moitié de ce qu'il en coûteroit à tout autre, qu'aux principaux habitans, qui y apporteront, pour ainsi dire, chacun leur pierre.

On compte en général, qu'il y a dans tout le Royaume 30000 lieues quarrées, qui contiennent à-peu-près 4000 arpens chacune, mesure de Paris. Cela fera 120 millions d'arpens, dont on peut estimer la moitié en terres vacantes, bois, landes, ou montagnes, chemins & rivieres; l'autre moitié aura un tiers ou environ d'occupé en vignes, prairies, jardinage, emplacement pour les bâ-

bâtimens ou pour la culture de beaucoup de plantes qui ne sont pas destinées pour les alimens. Il ne restera donc que 40 millions d'arpens tout au plus, en terres consacrées à la culture du bled: or il n'y a gueres que le tiers de cette étendue qui soit ensemencé toutes les années, en bled-froment ou seigle: le tout se réduira donc à 13 millions & demi ou environ d'arpens en bled, qui, en supposant encore qu'ils produisent, proportion gardée, 4 septiers de bled chacun, qui est à-peu-près la quantité moyenne assez juste pour tout le Royaume. Le résultat sera donc environ 54 millions de septiers de bled, que la France peut produire dans les années ordinaires: mais comme on y compte communément 20 millions d'habitans, depuis que la Lorraine y est jointe; que du fort au foible, il faut environ une livre & demie de pain à chaque personne par jour, & que, faute de le bien fabriquer, on n'en retire gueres que 220 livres par septier de bled, il se trouvera, de calcul fait, qu'il faudra, année commune, 54 millions & demi de septiers de bled pour nourrir tout le peuple. On voit par cette supposition, qui ne s'écarte pas beaucoup de la vérité, que la France ne recueille pas suffisamment de bled pour nourrir ses habitans, si les légumes, les châtaignes & les fruits, dont certaines Provinces font beaucoup d'usage & de consommation, ne venoient pas au secours. Aussi remarqne-t-on que quand ces ressources viennent à manquer, aussi-tôt le pain renchérit dans ces Provinces. D'après cet exposé, comptons ce qu'il en coûteroit à la Compagnie générale, pour la premiere dépense seulement de ses magasins. Par une regle de trois, bien simple, je dis, si 26664 septiers de bled coûtent 17 mille 388 livres à loger en magasin, combien coûteront 54 millions, par exemple; & je trouve que la dépense montera à une somme de 35 millions 213 mille 846 livres ou environ, pour la construction générale de tous les magasins à grains qu'il faudra dans tout le Royaume, en supposant un par chaque subdélégation ou district de la Compagnie d'Agriculture. On doit remarquer que dans les districts où les grains seront très-abondans, les magasins seront toujours proportionnés à la quantité des grains qui peuvent se recueillir dans une année commune, & que dans les subdélégations où les terres ont peu de grain, on aura alors égard à la quantité d'habitans du district, pour faire ces magasins, en supposant qu'il faille à chaque habitant trois septiers de bled, par année, pour les y nourrir, y compris les légumes.

mes. C'est sur ces regles & principes, à-peu-près, qu'il faudra que le Bureau général se regle, pour construire ses magasins dans des Pays qui ont peu de grain à proportion de leurs habitans. La proportion ne montera gueres plus haut ni plus bas que la supposition que je viens de faire, par les connoissances particulieres que j'ai acquises d'une bonne partie des Provinces de ce Royaume.

Les districts qui ne seront pas favorisés d'une certaine abondance de grains, feront leur levée dans ceux où le grain sera commun, dans les années d'abondance, & au prix qui va être dit tout-à-l'heure. Ces Contrées seront à-la-vérité obligées de payer le bled un peu plus cher que les autres, mais cet excédent de prix ne sera que de la dépense que les frais de voiture leur auront coûté : elles auront la même attention de n'enlever que le grain le meilleur, & toujours le plus net, car il est de meilleure garde: d'ailleurs il est d'observation sûre, qu'il y a plus de profit dans les années d'abondance à acheter le plus beau bled, parce que les Fermiers ou le petit-peuple mangent ou mettent en valeur le rebut de leur bled, dont ils ne peuvent pas alors se défaire.

ARTICLE IX.

Réglement que la Compagnie ſera obligée de ſuivre exactement dans l'achat & la vente des Grains en magaſin.

SI le Conſeil privé du Roi ne preſcrivoit pas des bornes à cette Compagnie, elle ſeroit en état de donner la loi à tout le Royaume, en mettant aux denrées des prix arbitraires, d'où il pourroit réſulter un grand mal; car, quoiqu'elle fût intéreſſée elle-même en quelque ſorte à ce que les choſes s'obſervaſſent de la maniere que l'exige l'intérêt commun & général de l'Etat, ſon intérêt particulier la feroit toujours pencher d'un autre côté, & on ne verroit pas ſubſiſter cette balance dans l'équilibre exact où il convient qu'elle ſoit. Ainſi ce ſera ſur le rapport des Agens de chaque généralité, ſur leurs mémoires & ſur les bonnes raiſons qu'ils pourront alléguer, que le Bureau général ſe déterminera. Il péſera exactement les meilleurs moyens de part & d'autre, afin de ſaiſir & d'embraſſer un juſte milieu, entre l'intérêt du Cultivateur, qui eſt la Compagnie, & celui du Conſommateur, c'eſt-à-dire, celui du Commerce, ou des Peuples fabriquans, diſperſés dans les Campagnes &

& dans les Villes. Après de mûres & sérieuses réflexions, on fixera une fois pour toutes, & d'une maniere stable & permanente, le prix de l'achat des grains. Dans les années d'abondance, afin de remplir les magasins, pareillement on déterminera le taux des grains pris au magasin, même dans les années de disette; par ce moyen, la Compagnie se trouvera restreinte dans de justes bornes, qui ne lui permettront pas d'anticiper sur les droits des Peuples. Ma propre expérience m'a fait connoître que, quand le Laboureur vend le bled ordinaire 15 livres le septier, mesure de Paris, pesant 230 livres, & la tête ou l'élite du même bled, 20 livres même mesure, pesant 250 livres, le pain ne doit valoir au marché que 18 deniers la livre; par conséquent le Fermier ou le Laboureur doit trouver dans ce prix de quoi tirer un très-bon parti de sa récolte, si elle est abondante, & l'Artisan n'achetera pas le pain à assez bon marché, pour qu'il soit tenté de se relâcher de son travail; au contraire ce prix, ni trop haut ni trop bas, l'obligera à ne se point déranger, afin d'être en état de fournir toujours la subsistance à sa famille. Dans ces années d'abondance, la Compagnie absorbera dans ses magasins le superflu de la consommation du bled; & l'argent qu'elle répandra alors dans le Public, en-

enrichira les Laboureurs & fera fleurir le Commerce. Pareillement tous les membres de la Compagnie qui feront intéreſſés à ce marché, y trouveront réellement leur intérêt; car ce ſera à eux-mêmes qu'ils ſe vendront leurs grains, afin d'en faire une ample proviſion, pour ſervir dans les tems de calamités. Les Artiſans, ainſi que le Commerce, en feront excités de plus en plus, comme on l'a déjà fait obſerver ci-devant. Voyons maintenant ce qui en réſultera dans les tems de diſette.

Pour entretenir une juſte balance entre le prix des grains, & en même tems pour donner des moyens à la Compagnie de pouvoir tirer une juſte indemnité de l'intérêt de ſes fonds, qui feront reſtés quelquefois deux ou trois années de ſuite dans les magaſins ſans rien produire; j'eſtime qu'il faut permettre à ladite Compagnie de vendre ſur le pied de 20 livres le ſeptier de bled qui lui en aura coûté ſeulement 15 livres, & 26 livres 13 ſols 4 deniers la tête du bled qu'elle aura payé 20 livres, c'eſt-à-dire, de ſuivre toujours la même proportion, & de revendre un tiers en-ſus de ſon capital qu'elle aura employé dans ſes achats. Suivant cette regle, le pain, dans les tems les plus chers, ne vaudra que 2 ſols la livre dans les marchés de Paris. Mais comme le bled dans les Provinces ſe trou-

trouve ſur les lieux, & ne vient pas de loin, on taxera le prix du bled à 30 ſols de moins par ſeptier, afin que le pain de même qualité y ſoit de quelque choſe à meilleur marché que dans Paris, & auſſi pour ſe trouver dans une exacte proportion, attendu les frais de tranſport & les droits dont on exige le payement à l'entrée des grandes Villes ; par ce moyen, le peuple dans les années de diſette, qui occaſionnent des calamités générales & le jettent dans les plus grandes extrémités, ne payera au marché de Paris le pain qu'à raiſon de 2 ſols la livre, c'eſt-à-dire, 6 deniers par livre plus cher que dans les années d'abondance. L'œconomie des magaſins aura ſeule opéré toutes ces merveilles, en rapprochant les deux extrêmes. Les particuliers, intéreſſés à la vente des grains, trouveront encore dans les années de diſette l'abondance même : car, quoique la récolte ait manqué, le bénéfice de la vente des grains auquel ils auront leur part, comme membres de la Compagnie, les entretiendra dans une aiſance pareille à celle de l'abondance même ; ainſi l'Agriculteur, ou le Poſſeſſeur des biens fonds de terre, ceſſera de tant redouter les années de ſtérilité : car il y trouvera, dans les profits de cette Compagnie, un dédommagement de ces pertes, qui le mettra en état de payer exactement ſon

Sou-

Souverain, ses rentes, & les autres charges domestiques: on verra le Commerce marcher toujours d'un pas égal. Tout se ressentira des avantages d'un pareil établissement, & le peuple ne se trouvera plus livré à ces extrémités fâcheuses, auxquelles il étoit exposé auparavant, & qui étoient presqu'aussi funestes dans les tems d'une grande abondance, que dans les tems de disette. Après y avoir le plus mûrement réfléchi, je ne crois pas qu'on puisse imaginer de méthode plus sûre de procurer le plus grand bien du Royaume, en établissant cette balance si nécessaire au bien de la Société & du Commerce. Passons maintenant au détail des avantages que cet établissement procurera à la Compagnie même & au Souverain.

ARTICLE X.

Observations générales sur le produit qui reviendra à la Compagnie, & en particulier au Roi, de l'Établissement proposé.

IL est assez ordinaire que dans l'espace de six années, il y en ait environ trois, qui soient d'un médiocre rapport, tandis que les trois autres produisent plus abondamment. Dans les trois années

nées médiocres, il s'en trouve quelquefois dont la récolte est si mince, qu'elle ne forme pas ce que les Laboureurs ont coutume d'appeller une demi-année. Pareillement dans les trois années plus abondantes, il s'en rencontre qui le sont à tel point, que presque personne ne veut acheter les denrées, c'est ce qu'on appelle plus que pleine année.

Sur ce pied-là, notre Compagnie seroit à-peu-près occupée pendant deux ou trois ans à acheter les grains superflus qu'on lui apporteroit, de-même qu'elle le seroit pendant les trois autres à revendre au Public ces mêmes grains; desorte que, suivant cette supposition, qui est assez exacte pour toute l'étendue du Royaume, il se trouveroit que les deniers capitaux seroient presqu'occupés dans les grains pendant quatre ans, & qu'il y en auroit au moins deux, pendant lesquels ils pourroient produire, au profit de la Compagnie, quelque bénéfice autre que celui des grains, comme je me propose de le faire connoître dans la suite de cet Ouvrage. Pour le présent, contentons-nous d'examiner que sur chaque six années, il y aura presque toujours une emplette entiere & complette, & une vente totale des grains des magasins; car quoique nous n'ayons supposé en réserve que les grains d'une année d'abondance, il est certain que cela ſera plus que ſuffiſant pour fournir à trois années de diſette ; car jamais ces années ne ſeront dépourvues totalement de récolte, & qu'il y a bien au moins la moitié de la moiſſon ordinaire : joignez à cela que les magaſins fourniſſant de tous les genres de grains, ſeront ſuffiſans pour faire face à la diſette ; mais quand même il arriveroit quelquefois qu'ils ne puſſent pas y suppléer en totalité, on verra à la ſuite de cet Ouvrage, comment j'y pourvoirai ; pareillement que bien des années d'abondance ſe ſuiviſſent, & ne fuſſent pas interrompues, comme je l'ai ſuppoſé par des années maigres alternatives, j'indiquerai à cette Compagnie des moyens ſûrs pour ſe trouver toujours au même taux que je l'ai ſuppoſé. Ainſi donc que rien ne nous arrête dans les ſuppoſitions que je viens de faire, c'eſt-à-dire, qu'il reſte pour conſtant que la Compagnie emploira dans l'eſpace de ſix années ſes fonds à acheter des grains, & les fera rentrer auſſi une fois, par la vente de ces mêmes grains.

Les fonds de la Compagnie doivent être très-conſidérables, puiſqu'il lui faudra acheter à-peu-près 50 millions de ſeptiers en froment ou ſeigle, & pour 27 millions de ſeptiers en légumes, avoine, ou bled de Turquie. Ces derniers grains ne vont pas au pair avec le bled,

bled, quoique le prix de l'avoine ſuive ordinairement celui du bled, attendu que la meſure en eſt double; mais auſſi comme le prix des autres n'eſt jamais égal à celui du froment, il y aura une eſpece de compenſation dans tous ces prix; deſorte que j'évalue en général tous les grains d'une nature inférieure à celle du ſeigle & du froment, à un tiers moins que celle du froment; je ne compterai même qu'une ſeule claſſe de ces bleds, & je réduirai les prix de la Campagne à celui que j'ai fixé pour Paris. En partant de cette obſervation, j'arbitrerai le prix général du ſeptier de froment, à 15 livres que la Compagnie ſera obligée de l'acheter, & à 10 livres celui de tous les autres grains & légumes inférieurs au froment & au ſeigle; ces ſuppoſitions que tout le monde ſent être aſſez conformes aux proportions & au rapport ordinaire, qu'il y a entre toutes les différentes ſortes de grains que l'on recueille dans les Provinces, & dont les peuples font leur nourriture, ſerviront à nous donner une idée générale des fonds que la Compagnie ſera obligée d'avoir, & quel ſera ſon profit dans l'eſpace de ſix années.

1. 54 millions de ſeptiers de bled, à 15 livres le ſeptier, font . . . 81000000 l.

De l'autre part.	810000000 l.
2. 27 millions de ſeptiers de bled commun ou légumes, à 10 livres le ſeptier	270000000 l.
	1080 millions.

Total, un milliard, quatre-vingt millions ſeulement pour l'achat de tous les grains du Royaume, pour une année abondante. Or, comme on a ſuppoſé que dans l'eſpace de ſix années il y aura un bénéfice d'un tiers, ce gain montera à 360 millions qui reviendront à la Compagnie, pour l'indemniſer des pertes qu'elle auroit faites par le défaut de récolte. De plus, cette même Compagnie, dans la partie de ſes membres qui vendront les grains, recevra dans les années d'abondance un milliard quatre-vingt millions de plus qu'elle n'auroit reçu par le Commerce ordinaire des denrées. Quelle différence pour l'avantage & l'aiſance qui en rejailliront ſur tout le Commerce de l'Etat en général! Mais ſi la Compagnie a tous les ſix ans un profit de 360 millions, ce ſera 60 millions qui lui reviendront chaque année, & qui feront repartis entre ſes membres, de la maniere que nous l'allons faire voir. J'entrevois ici l'inquiétude de nos Lecteurs. Le moyen, dira-t-on, de faire trouver à la Compagnie des fonds ſi conſidéraſidérables, ſur-tout ſans en payer un ſol d'intérêt ; mais cet article ne ſera traité qu'après le détail des réglemens ſur le partage des profits.

Toutes ces différentes emplettes & ventes des grains ſe feront dans chaque ſubdélégation du Royaume ; ce ſeront les habitans de chaque diſtrict, poſſeſſeurs de grands fonds, qui, comme nous l'avons déjà dit, auront le ſoin de cette manutention, & en tiendront des regiſtres les plus ſcrupuleux, afin que toutes les ſemaines on puiſſe faire part aux bureaux de chaque généralité, des ventes, des achats, en un mot, de toutes les différentes opérations que la Compagnie aura faites; ces états ſeront envoyés enſuite au bureau général, qui les rendra publics dans des annonces ; de-même qu'on fait connoître au Public le taux des actions de la Compagnie des Indes, il en ſera de-même pour notre Compagnie d'Agriculture : le partage ſe fera de la maniere ſuivante. Après qu'on aura prélevé tous les frais, les appointemens des Commis, & autres petites dépenſes que je ſaurai remplacer, comme on le verra, la Compagnie du diſtrict ſe réſervera la moitié du profit pour elle, & la partagera entre tous les membres, ſuivant la proportion des fonds de leurs actions, & de l'intérêt qu'ils auront dans le diſtrict. Ce premier partage ſera appellé du nom de *primes*; l'autre moitié du profit ſera miſe en dépôt dans la caiſſe commune à l'Etat, laquelle ſera entre les mains des quatre Préſidens, du Controlleur & de l'Inſpecteur, qui en auront chacun une clef différente; l'état de cette ſomme ſera envoyé au bureau de la généralité, & le bureau ouvrira tous ces états par ordre, avec le tableau du fonds des actions de chaque diſtrict, conforme à l'évaluation des biens en fonds de terre compris dans la ſubdélégation. Toutes les généralités du Royaume feront la même opération; ainſi le bureau général de Paris aura une connoiſſance parfaite des produits de cette Compagnie, qui, comme on le verra par la ſuite, feront bien plus conſidérables que celui dont nous parlons actuellement, & qui réſulte des magaſins à grains. L'idée de ce petit Ouvrage nous ſervira donc pour les autres. Le bureau général ne fera de toutes ces ſommes miſes en dépôt, qu'une ſeule maſſe commune ſur laquelle ſeront prélevés d'abord deux cinquiemes pour le Roi, ainſi que tous les appointemens qui ſeront attribués aux Magiſtrats, Officiers & Commis des bureaux de chaque généralité du Royaume, & même du bureau général de Paris. Sur les trois autres cinquiemes, le bureau général faiſant droit ſur les repréſentations particuticulieres des Agens de chaque généralité, en destinera la portion qu'il jugera nécessaire & utile pour l'amélioration, & les augmentations qu'il sera à propos de faire dans quelques subdélégations, afin de favoriser davantage l'Agriculture ou le Commerce; & enfin, ce qui restera après toutes les soustractions, sera réparti entre toutes les généralités, au marc la livre, suivant le montant des actions de ces mêmes généralités. Les généralités travailleront à faire la répartition de ces sommes entre tous les districts de leur dépendance; & enfin chaque district dispersera la portion qui lui sera avenue, en raison des actions particulieres, & la distribuera à chacun de ses membres, au prorata de l'intérêt qu'il aura dans la Compagnie. On nommera ce second partage, *secondes*; l'argent qui reviendra à chaque membre, sera pris dans le dépôt, en présence de tous les principaux Magistrats assemblés, & le restant sera envoyé au Trésorier de la généralité, afin que ce bureau, après avoir retenu ses droits, renvoie le reste au bureau général, qui mettra la part du Roi au Trésor Royal. Les appointemens & revenus des charges se distribueront à chaque Magistrat & Officier; & les sommes qui seront destinées pour les travaux communs de cette Compagnie, seront déposées entre les mains d'un Trésorier particulier, qui les délivrera, quand il lui sera ordonné, pour le payement de ces travaux. Ainsi, par le partage des secondes, il y aura une liaison d'intérêt entre toutes les subdélégations particulieres du Royaume, ce qui les unira sous un même Chef dans la personne du Roi, & sous la direction du Bureau général.

ARTICLE XI.

Réglement de Police sur les Grains & le Pain.

NOus avons proposé ci-dessus le projet de mettre en magasin les grains superflus des années abondantes, afin de servir au peuple dans les tems de disette. La Compagnie d'Agriculture sera chargée du soin de ces magasins. Il n'y aura de sa part aucun monopole à craindre, dès que les prix d'achat & de vente seront fixés par un réglement fait au bureau général, dans les pays & les villes de Provinces où les grains ne sont communs que par le Commerce; il y aura des magasins proportionnés à la quantité des habitans pour y faire provision de grains, & on ajoutera au prix du bled la dépense que coûtera leur transport dans les marchés ou magasins de ces endroits. Cette voiture ne sera pas fort coûteuse, comme on va le voir: car la Compagnie de chaque district, qui sera obligé de faire ses emplettes de grains dans les districts voisins où il y aura eu des récoltes abondantes, enverra ses Commis, ou établira des gens préposés pour les recevoir à la portée de quelque Port de riviere, où il y aura des entrepôts destinés à rassembler les grains, à mesure que les Fermiers & Cultivateurs les apporteront pour les vendre. Il n'y aura en effet gueres de district où il ne se trouve quelque petite riviere ou canal de navigation: on les fera voiturer par le moyen des bateaux que la Compagnie aura en commun, généralité par généralité, & les bateaux de chaque généralité serviront à transporter les denrées dans les Pays où la Compagnie aura besoin de les envoyer; & comme on suppose que la navigation des rivieres & des canaux sera générale dans tous les Pays, on préférera cette voie à celles des voitures par terre, quand il y aura un trajet un peu long à faire: car alors ce sera un objet peu considérable, quand même, par les détours qu'il faudra faire, on auroit cinquante à soixante lieues de trajet de plus à parcourir.

Les grandes Villes Parlementaires, les Capitales des Provinces & des Ports de mer n'auront point de magasins particuliers, comme les autres Villes moins considérables. Il faudra toujours laisser dans ces endroits la liberté aux Marchands de faire le Commerce des grains, s'ils le jugent à propos, pour leur compte particulier; mais quand les grains seront rares dans la Ville, & que le Commerce ordinaire ne pourra pas les laisser au prix porté par les réglemens, le bureau de la généralité qui aura un état de tous les magasins de son ressort, ainsi que de tous les habitans, donnera ses ordres, afin que les subdélégations qui seront les mieux fournies en grains, en détachent chacune de leurs magasins une certaine quantité pour les Villes & Ports de mer, qui soit proportionnée à la consommation journaliere de la Ville qui en demande, & à la quantité qu'il y en aura par magasin, de maniere que les grains soient pris un peu sur chaque district, qu'il n'y ait pas plus de fourniture à proportion faite pour un Pays que pour un autre, & que les peuples ne risquent pas d'en manquer. La subdélégation de cette Ville, ou Port de mer, sera chargée de cette commission; c'est à elle qu'on adressera les grains; & il y aura dans plusieurs endroits, si la Ville est grande, de petits magasins où l'on mettra le bled en vente pour tout le Public, à l'exception des Marchands qui n'en achetteront pas de la Compagnie. La taxe de ces bleds

bleds ſera la même que nous avons dit, ſçavoir 20 livres le ſeptier du bled ordinaire, & 26 livres 13 ſols 4 deniers le bled d'élite : on ajoutera ſeulement au prix les frais de voiture & celui du ſecond magaſin ; il ne ſera fait aucun profit ſur la vente, autre que celui dont nous avons parlé ; mais pour faciliter ce tranſport des denrées, la Compagnie de chaque diſtrict qui ſera obligée de faire une fourniture ou un envoi aux Villes qui auront ordre de tirer ſur elle, pourra faire convertir les grains en farine, & paſſer ces farines pour n'envoyer aux Villes que la plus fine fleur, conſervant les gruaux & les ſons pour les gens de la Campagne, ſi les Payſans n'aiment mieux l'acheter en nature pour l'apprêter chez eux.

Dans le tems que la Compagnie aura ſes greniers ouverts & ſes grains en vente, elle tiendra à la portée du magaſin une Fabrique de pain, où elle aura un Entrepreneur général qui s'engagera de fournir à deux ſols la livre le pain fin de place ; la Compagnie lui livrera des bleds du magaſin, à meſure que le Boulanger en demandera. Ce Boulanger ſera ſoumis à la police ordinaire des Magiſtrats, ainſi qu'à celle de la Compagnie, qui veillera à ce que le pain ſoit bien conditionné. Indépendamment de la vente du pain, la Compagnie

pagnie livrera ses grains à tous ceux qui voudront les acheter, pourvu qu'ils soient habitans du district de la subdélégation; mais elle n'en fournira à aucun étranger, sans un ordre émané du bureau principal de la généralité. Comme il y aura des magasins par tout le Royaume, le peuple aura également par-tout les mêmes commodités; ainsi il seroit fort inutile qu'il y eût d'autres que la Compagnie qui voulussent faire alors le trafic des grains, ce ne seroit que dans le cas du Commerce étranger; par exemple, si le grain étoit rare dans quelque Royaume voisin, que quelques Marchands particuliers pourroient l'entreprendre; mais comme, même dans ce cas, il pourroit devenir très-préjudiciable à l'État que l'on y employât les grains en magasin, ou, pour mieux m'exprimer, les grains de la réserve, la Compagnie ne le permettroit pas alors; elle feroit arrêter & confisquer à son profit les grains qui sortiroient de son district, sans en avoir obtenu sa permission; cependant cette loi n'auroit lieu que dans les tems où les bleds de réserve seroient en vente: car s'ils n'y étoient pas, & que le grain valût moins de 20 livres le septier de bled ordinaire, tout particulier sujet, ou autre, auroit la faculté libre de faire le Commerce des grains indifféremment dans

dans tout le Royaume, & même chez l'Etranger, attendu que ce ſeroit alors une preuve évidente que l'Etat ſeroit ſuffiſamment pourvu de cette denrée, en ſuppoſant encore que les magaſins en réſerve de la Compagnie fuſſent pleins ou à peu de choſe près; j'ai dit les magaſins en réſerve, pour les diſtinguer d'avec d'autres magaſins particuliers, qui ſeront dépendans de la Compagnie du diſtrict pour y ramaſſer les grains ſuperflus, après que les magaſins en réſerve ſeroient pleins. Ces ſeconds magaſins, comme il a été dit précédemment, n'entreront point dans les détails de la Compagnie générale du Royaume. La Compagnie du diſtrict ſeul en auroit l'adminiſtration, pour les vendre lorſqu'elle le jugeroit à propos, & dans tous les lieux où elle voudroit, ſoit au dedans, ſoit au dehors du Royaume. Elle ne pourroit cependant vendre ces grains qu'une livre par ſeptier moins que les grains du magaſin en réſerve, parce que ce ſeroit leur nuire & autoriſer la Compagnie à faire quelque monopole, au-lieu qu'en les obligeant de vendre ces grains à un prix un peu plus bas que les grains de réſerve, ils ne peuvent plus nuire au Public; d'ailleurs la liberté que les autres Marchands & les autres ſubdélégations auroient d'apporter pour vendre au marché toute

ſorte

sorte de grains à des prix libres, ainsi que d'en acheter, ôteroit toute ombre de soupçon, & ne laisseroit aucun moyen de faire un Commerce de grain qui fût désavantageux pour l'Etat: car dès que la Compagnie ne pourra vendre les grains des magasins particuliers de son district, qu'à raison de 20 sols moins par septier, que le prix taxé de 20 livres, & qu'au contraire il sera permis aux Etrangers de le vendre au prix qu'ils voudront, il est évident que quand la Compagnie mettra en vente les grains de ses magasins de réserve, afin que le Public ait toujours la liberté du choix pour acheter au prix qui lui conviendra le mieux, alors les grains étrangers ne pourront porter aucun préjudice à ceux du district, parce que le magasin aura certainement la vogue, au cas que les Marchands voulussent vendre leurs grains au-dessus du prix de l'Ordonnance; car à qualité égale, il n'est pas douteux qu'on ne donne la préférence au bled qui sera à meilleur compte: or comme il en coûte pour faire conduire des grains du dehors, & qu'il faut prendre du tems à suivre les marchés & à le vendre en détail, il est certain que les Marchands se garderont bien d'apporter jamais au marché des grains étrangers, pour les vendre à leur perte; ainsi les magasins en réserve auront leur vente sûre.

Les

Les seconds magasins ne seront tolérés, que par la raison que la Compagnie sera obligée d'acheter toujours les grains à 15 livres le septier au plus bas, sans pouvoir le vendre plus de 20 livres. D'après cette loi, il faut que la Compagnie ait la faculté de pouvoir commercer les grains superflus, quand elle aura rempli ses magasins de réserve. Il lui faut des magasins particuliers pour recevoir ses grains; & si elle veut les acheter à un prix plus haut que 15 livres pour son compte, elle aura la liberté d'en faire un commerce particulier; car elle aura toujours la même liberté à cet égard que les Marchands, attendu que la loi doit toujours être à l'avantage du Public; mais aussi pour ces achats particuliers la Compagnie ne pourra pas se servir des fonds qui auront été consacrés au service des magasins de réserve: elle pourra à-la-vérité faire ce Commerce, mais avec des fonds particuliers qui lui seront propres, ou avec l'argent des bénéfices qui lui seront venus dans l'administration des grains en réserve. Les Officiers pour le Roi que nous avons commis dans chaque subdélégation, auront soin de veiller à tout ce que la Compagnie entreprendra, & d'en rendre compte, sans cependant avoir aucune inspection particuliere sur ces grains qu'elle aura achetés pour son propre compte,

compte, & de ſes deniers, comme ſont les Marchands ordinaires. La Compagnie pourra, ſi elle veut, employer les mêmes Commis à ſes magaſins particuliers, & il lui ſera libre d'avoir dans la Ville principale du Dioceſe, & dans celle de la Généralité, des fours à elle pour fabriquer le pain pour le Public, comme nous l'avons déjà dit à l'article de la Boulangerie; il n'y aura que ces deux Villes ſeules, la Ville Epiſcopale & le Siége de la Généralité, où les bureaux particuliers pourront tenir des boulangeries & faire le commerce du pain en détail: car il ne ſera pas permis à des ſubdélégations étrangeres au Dioceſe ou à la Généralité, de venir y établir des fours pour vendre du pain: cette liberté qui eſt dûe à tout Boulanger particulier reçu à la Maîtriſe, n'eſt que pour favoriſer la vente & le commerce des grains de cette Compagnie, & toujours à l'avantage du Public. Il faut obſerver que les Généralités du reſſort d'un même Parlement auroient pareillement le droit de tenir des boulangeries dans la Ville où le Parlement eſt établi, & que toutes les Généralités du Royaume pourront auſſi, ſi elles veulent, faire conſtruire des fours à la portée de la Capitale, & y faire vendre & diſtribuer du pain avec la même liberté que les Boulangers de la Ville même. Ces priviviléges sont accordés, comme on le voit, pour favoriser le commerce de cette denrée, afin que le peuple puisse avoir le pain à meilleur compte qu'il est possible, & pour donner au Cultivateur la facilité de retirer de son grain le plus grand avantage qu'il pourra; & enfin pour empêcher que les Marchands ne fassent hausser, comme ils font. le prix des denrées, au grand préjudice des Cultivateurs & des Artisans, qui sont assurément les deux portions du peuple les plus précieuses & les plus essentielles dans un Etat.

Par ce moyen, cette Loi contribuera non seulement à l'avantage des Manufactures & du Commerce, mais encore à la Population du Royaume; car il est sans difficulté que cette méthode fera disparoître la misere, & facilitera beaucoup par conséquent la multiplication de l'Espece Humaine.

La Compagnie sera toujours la maîtresse, quand elle le jugera à propos, de se relâcher sur le prix de ses marchandises, soit des magasins particuliers, ou de ceux de réserve; cela ne sera jamais une matiere à répréhension de la part de la Police ordinaire du Royaume; mais il ne lui sera jamais permis de les vendre au-dessus de la taxe, & cette taxe, comme nous l'avons dit précédemment, sera réglée par le bureau général à Paris,

ris, & par les bureaux des généralités dans ces Provinces.

Lorſque la Compagnie vendra les grains de ſes magaſins en réſerve, elle ne rendra compte que de la quantité des grains qui y auront été dépoſés ſur le prix fixé par l'Ordonnance, ſans pouvoir produire des détails des frais, leſquels ſeront toujours ſur ſon compte. L'augmentation de volume que les bleds auront acquis dans les magaſins, & les petites indemnités ſur les criblages, ſeront bien ſuffiſans pour payer les frais des Commis régiſſeurs; il n'y aura que les appointemens des Officiers en charge qui ſeront pris ſur les bénéfices qu'auront produits les grains en réſerve.

ARTICLE XII.

Détail des gains que la Compagnie pourra faire ſur le Commerce des Grains, outre celui que nous avons compté ſur les Grains en réſerve.

SUIVANT les détails que j'ai donnés ci-deſſus au ſujet de la Boulangerie, la Compagnie pourra entreprendre le Commerce du pain, & acheter, comme les Marchands ordinaires, les grains dans les marchés à des prix libres; & comme

comme elle auroit déjà des perſonnes à ſa charge pour les magaſins de réſerve, elle pourra les occuper à tenir les livres & regiſtres de ces grains particuliers, d'autant mieux que le travail de ceux-ci n'arrivera jamais dans le tems du travail des grains en réſerve, cela lui donnera bien des facilités que de ſimples particuliers ne peuvent pas avoir. De-plus elle aura auſſi à elle, comme nous l'expliquerons dans la ſuite de ces Mémoires, tous les moulins à grains qui ſont dans ſon diſtrict, & dont elle ſe ſervira pour moudre ſes grains & paſſer ſes farines. Les rivieres, les canaux de navigation, & les chemins de traverſes bien entretenus, qu'il y aura par tout le Royaume, ſeront à ſon uſage avec les barques & autres voitures par eau & par terre, qui lui appartiendront en commun dans chaque Généralité, comme nous le dirons ci-après; tout cela lui fournira les moyens de faire le Commerce des grains & du pain d'une façon plus avantageuſe que tout autre ne pourroit le faire; deſorte que ſi nous avions démontré dans notre Syſtême du Commerce du pain, qu'il y avoit pour le Boulanger un profit réel de trois livres par ſeptier de bled ordinaire, & que le Public y trouvera cependant un gain conſidérable, qu'il ne trouve pas en faiſant fabriquer le pain chez lui, on peut juger quelle différence il y aura pour une Compagnie qui apporte dans ce commerce tant d'avantages divers : elle pourra donc encore se relâcher de quelque chose sur le prix que nous avons fixé au pain pour les Boulangers particuliers, & y gagner du fort au foible, au moins trois livres par septier de profit net, en mettant un bon ordre, & établissant des regles exactes dans la manutention de la régie de ses pains, de ses farines, & de ses grains. Elle gagnera comme marchande, comme meûniere, comme voiturière, & comme boulangere ; ainsi réunissant ensemble toutes ces professions, ce ne sera pas trop de lui accorder une livre par septier, comme marchande, autant comme voituriere de près ou de loin, dix sols par septier comme meûniere, & deux livres comme boulangere pour la fabrique : tous les frais déduits, suivant notre systême, elle aura donc encore quatre livres dix sols de gain par chaque septier de grain qu'elle distribuera en pain, tant pour les grains de magasins en réserve, que pour ceux qu'elle aura en son particulier & qu'elle travaillera à son profit, soit pour l'intérieur du Royaume, soit pour l'exporter chez l'Etranger, ou même pour en tirer des grains, en cas qu'on vînt à en manquer, c'est-à-dire, dans les années que les disettes seroient continues, & que les ma-

ga-

gasins ne pourroient plus fournir: car il n'y a que ces cas où il lui seroit permis d'en introduire d'étrangers; & son intérêt ne s'y trouvant pas, on ne doit pas craindre que cela arrivât jamais. Si les deux tiers du Royaume font d'abord une consommation des pains provenant du Commerce de la Compagnie, (parce qu'ils y trouveront leur avantage) il n'est pas douteux que cette Compagnie qui aura un intérêt visible à un tel établissement, ne fasse son possible pour en introduire l'usage par tout le Royaume, & que dans peu de tems elle n'attire à elle seule, quoique sans aucun privilege, le commerce libre de fournir le pain en général à tous les sujets de l'Etat. Je n'hésite pas à croire que les personnes sensées, qui auront de l'expérience sur le Commerce des grains, & quelque pratique sur la Boulangerie, soit domestique, ou banale, ou publique, trouveront mes tarifs & mes calculs justes, & mes suppositions très-avantageuses à la Compagnie, & encore plus pour le Public & pour le Commerce. Nous pouvons donc hardiment calculer le gain que cette Compagnie fera, si jamais elle a lieu dans le Royaume, & le fixer à quatre livres dix sols par septier tous les ans, en-sus du profit particulier que nous avons estimé pour la garde des grains en réserve. En supposant donc qu'il se confomme, année commune, dans le Royaume environ 45 millions de feptiers de grains, fur le pied de 20 millions d'habitans, & plus, à proportion fi le nombre augmente, il en réfultera pour la Compagnie générale, année commune, un bénéfice de 202 millions & demi de furplus de fon gain ordinaire, laquelle fomme fera partagée entre chaque diftrict, ou, pour mieux dire, n'en fortira pas, & fera proportionnée à leur induftrie & au plus de commerce qu'ils pourront faire, toujours en raifon des intérêts de chaque Actionnaire du diftrict. Voilà donc vifiblement un avantage immenfe pour le Cultivateur; avantage qui le mettra en état de pouffer fort loin le progrès de l'Agriculture, puifqu'il en réfultera de fi grands biens. Les Seigneurs, la Nobleffe & la Bourgeoifie du Royaume y ayant la meilleure part, fe trouveront très-favorifés par cette invention, qui augmentera confidérablement leur revenu, fans qu'ils fe donnent aucun foin ni aucun embarras particulier; au contraire ce profit leur viendra, comme on dit, en dormant, & donnera à leurs revenus actuels une valeur réelle & fixe, qui fera monter les baux à des prix fort au-deffus de ceux où ils font actuellement; car un Fermier qui fe verra affuré de la vente de fes grains dans les années abondantes, ne ne craindra jamais d'en faire venir le plus qu'il pourra, d'où il résultera pour tous les Cultivateurs un grand encouragement à l'Agriculture. Le peuple considérant qu'on trouvera dans cette profession des ressources certaines contre la misere, s'y adonnera davantage. On verra dans les Campagnes augmenter à vue d'œil les Ouvriers : or comme c'est à la Campagne où l'on trouve un air plus sain, la nourriture plus pure, les mœurs plus simples & plus innocentes que dans les Villes, & les dépenses beaucoup moins considérables, tous ces grands avantages y fixeront les habitans, qui préféreront alors la Vie Champêtre au bruit & à la confusion qui regne dans les Villes, & sur-tout les personnes nées pour le travail des mains, qui ont ordinairement moins d'ambition que les autres ; desorte que si le Gouvernement veut encore favoriser l'Agriculture par les réglemens que j'ai proposés ci-devant, on verra bientôt les peuples fourmiller dans les Campagnes ; les mariages y deviendront beaucoup plus communs, dès que la crainte de la misere y sera dissipée, aussi-bien que celle du sort de la milice pour les Laboureurs & Vignerons de profession, & que les Bourgeois & autres possesseurs des fonds de terre sentiront les avantages de l'Agriculture & les moyens faciles de mettre

 leurs

leurs terres en valeur. On ne verra plus de toutes parts, que des travaux pour améliorer les Biens de campagne, & des peuples nombreux y seront employés ; ce qui augmentera dans la proportion l'abondance des denrées & celle des matieres premieres pour les Manufactures. La Population sera alors dans une vigueur surprenante, tout y contribuera ; une nourriture bonne & suffisante, un exercice convenable & un travail continuel très-bon pour le corps, & sur-tout la satisfaction générale de voir renaître le Siecle d'or, par l'aisance que donneront au peuple l'Agriculture & le Commerce ; ces biens procureront aux esprits une tranquillité douce, qui ne contribue pas peu à la santé & à la conservation. On pourroit s'attendre que dans l'espace d'un petit nombre d'années, les Campagnes seroient du double plus peuplées qu'elles ne sont maintenant. Il n'en seroit pas de-même des Villes ; le progrès de la Population ne s'y fera pas si bien sentir d'abord ; car les gens de la Campagne trouvant dans leurs hameaux plus de douceur & de tranquillité, ne viendront plus y habiter, comme ils font à-présent, & augmenter le nombre des fainéans. Les Bourgeois & les simples Gentilshommes qui auront des terres en propre, seront intéressés à fixer leur habitation sur les lieux pour faire comme les

les autres, & profiter des améliorations de leurs terres, puiſqu'ils en retireront des avantages ſi réels; enſorte que les Villes perdront un peu du nombre de leurs habitans; mais d'un autre côté, l'aiſance générale où l'Agriculture mettra tout le monde, tant à la Campagne que dans les Villes, donnera au Commerce une étendue bien plus grande. Chacun ayant le néceſſaire abondamment, ſera bien-aiſe de ſe procurer le commode & même l'agréable; de-là on verra s'élever quantité de nouveaux bâtimens dans les Campagnes pour y loger les perſonnes de condition, qui viendront les habiter, & deſireront ſe mettre à portée de jouir de leurs terres, & de les mettre en valeur, par le moyen du nouveau Syſtême d'Agriculture générale, où tout le monde pourra participer: or ces maiſons, ainſi que leurs meubles & tout ce qui en eſt la ſuite, ſe feront dans le goût le plus convenable aux perſonnes, à leur fortune, & ſuivant la mode. C'eſt ainſi qu'il s'ouvrira de nouvelles branches pour le Commerce, les Arts & les Manufactures. Les Villes qui ſont le ſéjour ordinaire des Commerçans, des perſonnes en place & des gens riches, ne s'embelliront pas moins que les Campagnes, puiſque les améliorations de la culture des terres influeront ſur tous les citoyens ſans diſ-

 tinc-

tinction; que la haute Noblesse en deviendra plus riche & plus puissante, le Commerce en sera plus brillant, & les Villes à proportion plus agréables. Alors les Artistes trouvant tous de l'ouvrage suffisamment au moyen des sages réglemens qu'on aura établis, il arrivera que les enfans des Artisans embrasseront la profession de leurs peres, & y feront un chemin plus convenable à leur état, & plus certain pour leur fortune & leur repos. En un mot, cet arrangement fera disparoître l'oisiveté & la misere, & réformera les désordres de nos mœurs. Dans peu les Villes, à l'exemple des Campagnes, seront des lieux enchantés, où les hommes ne trouveront plus ces objets de débauche qui les perdent, & qui sont si contraires à la multiplication de l'espece. Les unions conjugales redevenues en honneur, seront regardées comme les vrais biens de la Société. L'abondance des vivres & l'aisance des familles ne fera plus craindre une postérité trop nombreuse, tout rentrera dans l'ordre de la Nature, & le peuple commencera à entrevoir une expectative heureuse, que nous allons tâcher de développer peu-à-peu dans la suite de ces Mémoires.

AR-

ARTICLE XIII.

De Vignes en général.

APRE'S les Grains qui ſont la denrée de premiere néceſſité, il n'en eſt point de plus précieuſe & de ſi utile que le Vin; la culture de la Vigne dans les terreins qui lui ſont favorables, doit donc, après les Grains & les Prairies, attirer la principale attention du Gouvernement, & elle mérite de trouver place dans un Syſtême général d'Agriculture. L'uſage du vin eſt très-ſalutaire & utile pour la nourriture de l'homme, pourvu qu'il en uſe avec ſobriété & modération; mais comme toutes les terres, ni tous les climats, ne ſont pas convenables pour la production de la vigne, ceux qui ont le bonheur de poſſéder des terreins propres à cette culture, doivent s'y appliquer très-ſoigneuſement à en faire le principal objet de leur Commerce; c'eſt pourquoi lorſqu'on fera la carte topographique de chaque diſtrict, la Compagnie doit être attentive à déſigner les différens crûs, la qualité, l'expoſition, l'étendue & la nature particuliere de toutes les terres du diſtrict qui ſe trouveront convenables pour y cultiver la vigne, & déterminer à-peu-près la quantité de muids

muids de vins, meſure de Paris, qui peuvent croître dans le diſtrict, & les autres terres ſeront deſtinées pour y cultiver des grains ou autres denrées. On doit auſſi envoyer pour eſſai au bureau de la Généralité des vins les plus parfaits de chaque terroir, avec la note à-peu-près de ce qu'ils peuvent en produire chacun, année commune, afin que les Agens, Commiſſaires, Juges & Préſidens du bureau examinent l'expoſition qui en aura été faite par les Chefs aſſemblés de chaque ſubdélégation, & certifiés par les Officiers propoſés par le Roi; après quoi le bureau général péſera tous les différens avantages qui lui ſeront propoſés par les mémoires, & qui peuvent réſulter de la culture de la vigne pour le bien de l'Etat, à raiſon de la qualité naturelle du vin de chaque terroir & de ſa propriété, pour être conſommés ſur les lieux, ou pour être tranſportés au loin, par le moyen du Commerce. Quand le bureau de la Généralité aura fait ſur tous les différens crûs, ſur leurs qualités, expoſitions & quantité, des cartes inſtructives & des mémoires, on les enverra à Paris au bureau général, qui par ce moyen aura une exacte connoiſſance de toutes les terres du Royaume, de ce qu'elles produiſent actuellement en grains & en vins, & de ce qu'elles pourront produire par la ſuite, moyennant la nouvelle culture ; ce même bureau ſçaura pareillement la quotité de toutes ces denrées, & leur valeur pour le Commerce; il obſervera de-plus, quelle eſt en général la conſommation actuelle qui s'en fait dans le Royaume, celle qu'on peut faire dans le cas où ces denrées deviendroient à meilleur marché, & même il prévoira pour la ſuite ce qu'il en faudroit pour fournir à tout l'Etat, ſi le Royaume devenoit plus peuplé, ou ſi l'Etranger en tiroit davantage qu'il ne fait: car il faut ſe perſuader qu'en effet ſi l'Etranger pouvoit avoir les vins de France à un prix plus modique qu'on ne les lui vend, il en feroit ſans difficulté une conſommation bien plus forte; ainſi pour agir en véritable & bon politique, il faudra à-peu-près & en gros parcourir les différentes Nations qui tirent des vins de la France, comme les Hollandois, les Anglois, les Suédois, nos Colonies dans les Iles, &c. Suivant mon eſtimation, le nombre de ces peuples peut égaler ceux du Royaume. Or s'il étoit poſſible que nous leur vendiſſions nos vins à un prix aſſez raiſonnable, pour qu'ils puſſent en avoir rendu chez eux à douze ſols la bouteille de vin ordinaire, meſure de Paris, en ſuppoſant que les droits dans les Ports étrangers fuſſent ſupprimés, ou que s'ils ne l'étoient pas, du moins le prix du vin n'augmentât que de de la valeur particuliere de ces droits ; ce qui ne pourroit être ni si considérable, ni si préjudiciable que les abus du Commerce actuel, on peut s'attendre qu'ils en feroient une très-grande consommation ; il faut encore entrer dans le détail des vins qui s'emploient en eau-de-vie, & à divers usages pour le Commerce.

Suivant les observations que j'ai faites en général, la Compagnie peut compter que du fort au foible, chaque arpent de vigne produit environ trois muids ou 900 bouteilles de vin ; c'est à-peu-près tout ce qu'on doit en attendre, année commune, quand on veut que les vignes donnent de bon vin ; car si on tire à la quantité, on l'obtiendra sans doute, mais le vin en aura moins de qualité ; ainsi, tout compensé ; l'estimation peut être faite sur le taux que je dis. Si l'on veut actuellement en régler la quantité, on se conformera aux observations générales que j'ai faites ci-dessus, tant pour le Commerce extérieur, que pour la consommation du dedans du Royaume, en comptant, comme on l'a déjà fait, sur vingt millions d'habitans, & supposant que, proportion gardée, des enfans aux grandes personnes, du pauvre au riche, il faille à chacun le quart d'une bouteille, ou un demi-septier pour leur usage, cela fera par jour cinq millions de bouteilles de vin pour la seule boisson du Royau-

Royaume, & par année un milliard 825 millions de bouteilles. Je ne mets pour chaque personne qu'un quart de bouteille; il est certain que dans les Pays de vignobles la consommation est plus forte, mais aussi elle l'est moins dans d'autres Pays. Supposons qu'il en faille encore autant pour l'Etranger, voilà donc trois milliards 650 millions de bouteilles de vin, sans compter ce qu'on en consomme pour faire des eaux-de-vie, du vinaigre, dans les opérations chymiques & pour la cuisine: or tous ces articles ne montent gueres moins qu'au quart de la consommation ordinaire du Royaume: voilà donc quatre milliards 562 millions 500000 bouteilles ou 15, 208, 333 muids, à raison de 300 bouteilles par muid, qu'il faudra pour faire face à tout le Commerce, tant intérieur qu'extérieur, des vins de France. Pour produire cette quantité de vin, il faut qu'il y ait environ cinq millions 69 mille 444 arpens de terre employés en vignes. Il faudra choisir le terrein le plus avantageux à cette culture, & préférer les Provinces où la consommation & le Commerce en seront plus faciles; ainsi la Compagnie générale d'Agriculture donnera la permission de planter & cultiver les vignes à toutes les Provinces méridionales de France, & dans tous les Pays où elle aura été informée exactement

que

que les vignes croissent avec un certain succès. De plus parmi ces divers Pays, elle permettra de planter une plus grande quantité de vignes à ceux dont le climat & le terroir seront dans une meilleure réputation; ainsi les Côteaux les plus estimés, toutes les Provinces de Champagne, de Bourgogne, de Quercy, &c. auront une plus grande quantité de vignes que celles où la qualité sera inférieure. Il en sera de-même à l'égard des vins qui supportent mieux le trajet de la mer, comme ceux de Bergerac, du Languedoc, de Bordeaux, &c. qui auront encore la préférence sur les petits vins, qui ne sont propres que pour l'eau-de-vie. On prescrira donc la culture de la vigne dans toutes les terres où le vin sera médiocre, & elle y sera absolument défendue, à moins que ce ne soit dans des expositions favorables à la vigne, & en même tems désavantageuses pour toute autre culture.

C'est ainsi que le bureau général réglera la quantité des vignes dans chaque district, & en fixera la position sur les cartes, suivant les exposés particuliers qui lui auront été faits conformément au plan général du systême. Or il n'y a qu'un bureau général qui puisse prétendre de pareilles connoissances, & faire un tel arrangement, parce qu'il ne peut y avoir que lui à qui il convient d'entrer dans de pareils

pareils détails, & de porter ſes vues vaſtes & réfléchies ſur ce qui doit être le plus avantageux à la Nation, ſoit pour ſon Commerce ou pour l'uſage des Habitans, & pour favoriſer la Population relativement aux denrées qui ſont de la plus grande néceſſité. On voit par cette ſuppoſition, que s'il y a en tout 30000 lieues quarrées de 4000 arpens par lieue dans le Royaume, cela ſera à-peu-près 120 millions d'arpens: ainſi les vignes occuperont une vingt-quatrieme partie de l'étendue qui ſera propre à être cultivée; il y reſtera donc 114 millions 930 mille 556 d'arpens pour la culture des grains & autres denrées; c'eſt beaucoup en comparaiſon du peu d'eſpace qui ſera employé aux vignes. Mais, comme nous l'avons déjà dit, il y a beaucoup moins de Provinces où cette culture ne ſçauroit ſe pratiquer d'une maniere avantageuſe: on n'y en permettra que fort peu, & on leur laiſſera la culture de grain qui leur ſera plus profitable; auſſi en revanche, les Pays propres aux vignobles & où la vigne pourra réuſſir, ſeront plus favoriſés: cependant on obſervera que les meilleures terres pour la culture des grains & les prairies ne ſeront point miſes en vignes. Le Commerce & la faculté des tranſports par la navigation des rivieres & des canaux, donneront les occaſions de faire des échanges respectifs de Province à Province; ainsi il se fera une consommation considérable : tels sont les points de vue auquel le Bureau général devra s'attacher, afin d'établir une harmonie dans le tout qui le maintienne toujours dans l'ordre. D'après ces principes, chaque district se réglera, & exécutera ce qui lui sera prescrit par le Bureau général, qui aura jugé ce qui conviendra le mieux à chacun pour son avantage en particulier, & en général pour le Commerce & pour l'intérêt de l'Etat.

ARTICLE XIV.

Des Magasins à vins, & de quelle maniere chaque District se réglera à cet égard, pour y rassembler les Vins superflus des années d'abondance.

LA Compagnie d'Agriculture, lorsque les réglemens ci-dessus auront été faits, ne pourra donner trop d'attention à ce que tout ce qui lui a été prescrit, soit observé exactement, particuliérement l'article des vignes, afin de faire produire aux différens crûs la plus grande quantité de vins que faire se pourra, sans en altérer la bonne qualité; mais comme ce n'est pas assez de recueillir

lir des vins en abondance, & qu'il faut de plus conserver cette denrée, aussi-bien que les grains, & empêcher pareillement les flux & reflux causés par l'abondance & la disette des récoltes, qui en font baisser le Commerce, il faudra que dans chaque district où il y aura des vignobles, la Compagnie, ou, ce qui est la même chose, les habitans fassent construire des celliers, des caves & magasins, pour y façonner & garder les vins dans les années d'abondance, pour les revendre dans les années de disette. Ces magasins se feront de la maniere suivante: on creusera sous terre dans la pente d'un côteau, soit dans le tuf ou les rochers, des caves dans lesquelles on aura des foudres capables de contenir 50, 60, & jusqu'à 100 muids de vin à la fois, afin de les y pouvoir conserver sans danger & avec moins de frais. Indépendamment de ces caves, on aura des celliers; mais si le terrein par hasard ne se trouvoit pas favorable pour creuser de pareils magasins, on les pratiquera dans un lieu sec à rez-de-chaussée, en donnant aux murs une épaisseur suffisante pour soutenir les voûtes; ces voûtes seront recouvertes de tuiles creuses posées sur la voûte avec du mortier, en forme de toit, pour faire écouler les eaux dans des rigoles qui les emméneront fort loin de-là. Par-dessus ces tuiles ou toits, on mettra de gros gravier, ou, ce qui revient au même, un lit de petites pierres, avant que de les recouvrir de terre de trois à quatre pieds d'épaiſſeur par-deſſus & par les côtés; de cette ſorte, ces lieux ſeront frais & moins expoſés au changement de l'air qui fait que le vin s'altere. Les celliers pour façonner les vins, avant que de les mettre en magaſin, ſeront des plus ſimples, & faits à-peu-près comme des granges. J'eſtime que pour loger environ ſeize millions de muids, il faudra au moins 160000 foudres, contenant chacune du fort au foible 100 muids de vin; chacune de ces foudres coûtera bien 200 livres de dépenſe, ce qui reviendra pour l'article ſeul des foudres à 32 millions; & afin d'avoir à proportion des caves & d'autres uſtenſiles néceſſaires pour façonner les vins dans les celliers, il faudra une avance de 12 millions. Il faut moins de ces derniers uſtenſiles que des foudres, parce qu'on ne recevra tous les ans que les vins ſuperflus & dont la quantité eſt bornée, puiſque trois ou quatre années abondantes rempliront à peine les foudres où l'on garde les vins en réſerve: ainſi ce n'eſt pas trop avancer que de dire, que ces deux articles monteront à 44 millions: mais ce n'eſt pas tout, il faut compter encore autant de dépenſe à-peu-près pour conſtruire les caves & les

les celliers dans tous les différens districts du Royaume : cela sera en tout un objet de 88 millions de dépense, pour avoir de quoi loger les vins d'une année commune de tout le Royaume. J'avoue que cette premiere dépense est bien considérable & bien lourde ; mais aussi elle produira un très-gros avantage, ainsi que nous allons le faire voir, pour le soutien de cette partie du Commerce si intéressante pour l'Etat, & pour occuper les peuples ; car les vignobles en emploient beaucoup. On estime qu'un bon Ouvrier, aidé de sa femme & de sa famille, qu'on suppose être de deux enfans encore foibles, ne peut travailler que quatre arpens de vigne tout au plus par an. Voilà donc quatre personnes occupées pour quatre arpens ; sur ce pied-là il faudroit cinq millions d'habitans ; ou en supposant qu'un de ces enfans par famille, fût capable de travailler autant que son pere, comme cela est assez ordinaire, cette famille façonneroit alors huit arpens de vignes par an entre quatre personnes, ce qui seroit au moins deux millions 500000 personnes qui seroient occupées la moitié de l'année à la culture des vignes ; cette derniere proportion est la plus vraisemblable. On voit par-là combien cette culture seule est intéressante pour l'Etat, & quelle immense quantité de bras elle demande pour pouvoir être mise en valeur, sans compter les autres travaux de la Campagne pour la culture des grains: donc il est vrai de dire que les hommes manquent à la terre, & non pas la terre aux hommes. Dans les Pays de vignobles, aux environs de Bergerac, qui peuvent passer sans contredit pour les endroits du Royaume où la vigne est la mieux cultivée, il en coûte communément dix livres de façon pour chaque arpent; mais la culture est plus chere dans d'autres Pays, par rapport aux différentes façons inutiles que l'on donne aux vignes. On se conformera à l'usage du bas Périgord, & alors il en coûtera bien moins: c'est ce que la Compagnie aura soin d'examiner, en faisant quelques essais dans ces cantons où la culture de la vigne est tout-à-fait défavorable, afin de connoître par le parallele quelle est la plus avantageuse des méthodes pour recueillir le meilleur vin, & en plus grande quantité. Mais pour prendre un juste milieu, on peut, avec la dépense des améliorations qu'on est obligé de faire de tems à autre, faire monter les façons à quinze livres de frais par arpent, année commune; & le revenu, proportion gardée, monteroit environ à cent quinze livres par arpent, en supposant du vin commun & six muids de produit par chaque arpent, qui est la quan-

quantité que rendent la plupart des terreins qui ſont fertiles & qui ne donnent pas le meilleur vin. Ce vin ne vaudroit alors tout au plus chez le Vigneron qu'un ſol ſix deniers la bouteille, qui eſt le prix ordinaire des vins communs dans les Pays de vignobles; ainſi il reſteroit à-peu-près 100 livres de bénéfice au propriétaire, & qui rendroit ſes terres en vignes pour le moins d'un auſſi bon rapport que celles en grains. C'eſt encore un article que le Bureau général doit bien combiner pour pouvoir mettre une balance exacte dans les produits des différentes cultures. Il y a auſſi des terreins beaucoup moins abondans, & qui coûtent beaucoup plus ſans comparaiſon à façonner, que ceux dont je viens de parler; mais auſſi il faut convenir que les vins en ſont beaucoup plus délicats. Si on n'en retire pas plus de deux ou trois muids par arpent, on eſt amplement dédommagé par le prix du vin, qui eſt plus haut à proportion de ſa qualité. Tels ſont les bons vins de Béaune, ceux d'Epernay, ceux de Bourgogne & de Champagne, qui croiſſent dans des endroits bien expoſés; ces vins vaudront ſur les lieux cinq ou ſix ſols la pinte, ce qui rapportera ſouvent au propriétaire quarante ou cinquante écus de revenu net par arpent. On donne ici des prix aux

 vins,

vins, tels qu'ils pourront avoir, lorsque ces nouveaux établissemens & le commerce rapprochera tous les vins du Royaume dans la Capitale, & dans les Pays où le vin est actuellement rare, les uns feront baisser le prix aux autres, alors les vins exquis de Béaune & d'Epernay ne seront plus si chers. Les vins doivent donc s'estimer à raison de leur qualité & de leur rareté, autant que par la fertilité des vignes. La Compagnie sera intéressée à en soutenir le prix & la réputation, dans la proportion exacte au mérite de chaque chose, afin que le peuple ne soit pas tenté de cultiver une denrée par préférence à une autre, & que le produit devienne égal. Les principaux obstacles qui s'opposent à cette combinaison, sont les transports des vins, les coulages ou les fripponeries que font les Voituriers tant par eau que par terre, le gain exorbitant des Marchands, les droits d'entrée & de péages, la plupart injustement perçus; car tous ces inconvéniens retardent la consommation & le commerce de cette denrée, dont l'Etat pourroit tirer des biens immenses. Il n'y a absolument qu'un Bureau général d'Agriculture, tel que celui que je propose, qui pût être en état d'examiner toutes choses, & de fixer des prix arbitraires qui serviroient de regle une fois pour toutes, afin de maintenir la balange & de conſerver une uniformité dans le Commerce : or d'après les obſervations générales que j'ai faites, il ſera facile au Bureau général de Paris de fixer les prix de chaque vin, Généralité par Généralité, parce que chaque Généralité y enverra un eſſai du meilleur vin de ſon crû ; & tous ces vins, avec les notes particulieres, entreront en comparaiſon les uns avec les autres, ſuivant leur différens degrés de qualité, eſtimés plus ou moins par des juges experts : dès que ces eſſais auront été faits juridiquement ſur les lieux, ils ſeront envoyés avec tous les ſoins & toutes les précautions poſſibles, munis de cachets de Mrs. les Intendans, Officiers pour le Roi, & Préſidens pour la Compagnie, aux Agens qui ſeront à Paris, pour ſoutenir les intérêts de leur diſtrict reſpectif au Bureau général. Sur la déciſion qui ſera faite en pleine aſſemblée, le prix d'achat du meilleur vin de chaque Généralité ſera fixé pour les années abondantes, ainſi que le prix de la vente pour les années de diſette. Chaque Généralité enſuite en fera de-même, pour fixer le prix du meilleur vin du crû de chaque diſtrict ; & à l'aſſemblée du diſtrict, ou ſubdélégation, on fixera pareillement le prix de tous les crûs, contrée par contrée, ſuivant les degrés de perfection qui approchent le plus du crû ſupérieur. Défenſes ſeront

 fai-

faites de rien innover dans l'ordre de la culture & de l'amélioration des vignes, sans une permission, ou le consentement de la Compagnie de chaque district. Chacun se soumettra, quand il voudra faire quelque changement considérable à ses vignes, à la comparaison du vin qu'elle produit avec celui des autres crûs, afin qu'il soit apprécié suivant sa qualité, & sans avoir aucun égard à la quantité que le terrein produira; car ce sera au propriétaire à sçavoir choisir ou l'abondance ou la qualité, ainsi ces vins de différens crûs du Royaume seront portés à leur juste valeur, & se consommeront à proportion. L'état verra au juste jusqu'à quel point ira le progrès de cette branche d'Agriculture. La Compagnie sçaura quels sont les terroirs qui ont plus de qualité que les autres, & elle les mettra en réputation, au-lieu que jusqu'à-présent la plupart sont inconnus. Pour régler à-peu-près les prix de tous ces vins, j'estimerai dans les années abondantes les vins communs vendus par les Vignerons ou Propriétaires dans les celliers de la Compagnie, à raison de 22 livres 10 sols le muid, & les vins fins les plus recherchés comme de Béaune, d'Epernay, de Cahors, &c. & autres d'élite, à raison de 90 livres le muid, tout amené dans les celliers de la Compagnie dans le le district même, sans que le Propriétaire soit obligé de fournir d'autres ustensiles que ceux qui serviront à le voiturer. A l'égard des premiers vins qui sont dans une réputation d'excellence supérieure, comme ceux de l'Abbaïe d'Auvilliers, de la Côte-rôtie, les muscats de Rivesalt, & les plus excellens vins rouges de la Montagne de Reims & de Béaune, qui ne sont, pour ainsi dire, que pour les tables des Princes, on ne leur fixera point de prix, & ils n'entreront pas en concurrence avec les autres. Les Propriétaires seront les maîtres de les vendre à qui bon leur semblera, & d'en soutenir la réputation, en leur imposant une valeur arbitraire à celle des autres vins que j'ai nommés ci-devant. Je pense que dans l'ordre des gradations de prix depuis 22 livres 10 sols le muid jusqu'à 90 livres, prix que je trouve très-convenable & le plus propre pour maintenir l'état d'équilibre dans cette denrée relativement à sa qualité & à la quantité que les vignobles produisent, année commune; je pense, dis-je, que chacun aura lieu d'être satisfait, parce que ce sera le moyen d'assurer un débit prompt aux vins, puisque la Compagnie sera obligée d'en faire l'emplette, suivant le tarif qui en aura été arrêté par degrés depuis 22 livres 10 sols jusqu'à 90 livres le muid, qui seront les prix

prix des vins depuis les plus communs jusqu'à ceux qui tiennent rang après les vins appellés vins de fantaisie: mais afin qu'on ne puisse pas tromper la Compagnie sur l'achat des vins, elle achettera des particuliers les raisins au sortir de la vigne, avant qu'on les foule, dans des mesures dont on connoîtra la proportion juste avec le muid de vin: pour cet effet, on ne vendangera que quand le Bureau de la subdélégation l'ordonnera; par ce moyen, la Compagnie aura la facilité de fabriquer les vins à sa fantaisie, & les Propriétaires seront débarrassés de ce soin. Les marcs des vendanges seront toujours suffisans pour dédommager des frais de la façon des vins dans les celliers; à l'égard du transport, ce seroit au Particulier à se charger de cette dépense depuis la vigne jusqu'aux celliers de la Compagnie.

Il sera permis à la Compagnie de vendre ses vins une moitié en-sus, dans les années de disette, du prix qu'elle les aura achetés dans les années d'abondance; c'est-à-dire, que ceux qui auront coûté 22 livres 10 sols le muid, se vendront 33 livres 15 sols; & ceux de 90 livres, se vendront 135 livres, & ainsi des autres à proportion: la différence qu'il y a de cette denrée avec les grains, c'est que la Compagnie aura beaucoup plus de déchet & de dépense à faire

pour

pour la garde, & pour perfectionner ses vins, que pour les grains: d'ailleurs les vins sont sujets à de plus grands accidens. Ainsi, tout considéré, ce prix n'est gueres plus haut que celui du premier achat; car alors ce sont des vins nouveaux qui n'ont pas encore acquis la qualité comme ceux qui auront passé trois ou quatre années dans des foudres, où le tems les aura mûris & perfectionnés. Il n'y a personne qui ne connoisse la différence des vins vieux aux vins nouveaux; il n'y a point du tout à douter que même dans les années d'abondance, on ne préfere la même espece de vin qui sera vieux à 33 livres 15 sols, à du vin nouveau de l'année qui n'auroit encore aucune qualité. Ceux qui achettent des vins, sont toujours bien-aises de les avoir bons & prêts à boire, & à cet égard le vin vieux a toujours de l'avantage sur le nouveau; par conséquent on ne doit pas craindre que la Compagnie eût de la peine à trouver le débit de ses vins. Au-contraire ce Commerce est supérieur de beaucoup à celui des grains, qui sont sujets à perdre leur qualité pour être gardés, bien plutôt que le vin. Ainsi il est démontré que le tarif que je propose est avantageux tout à la fois, & au Cultivateur & au Commerce: comme la Compagnie aura toute liberté de faire le trafic

fic des vins, elle diſtinguera dans la manutention quatre eſpeces de vins de prix différens. La choſe lui ſera très-facile, en les façonnant dans les celliers & les caves, de la maniere que je l'ai déjà dit. Quoiqu'elle en ait acheté à un grand nombre de prix différens dans tous les crûs de ſon diſtrict, elle les réduira par ſa maniere de les façonner, à quatre ſeules qualités; & elle aura des tarifs particuliers, depuis le plus bas juſqu'au plus haut prix de la taxe. Les Officiers commis par le Roi auront inſpection ſur ces celliers, & tiendront la main à ce que la Compagnie ne faſſe aucune fraude, en voulant ajouter à ces vins quelque nouvelle qualité qui ne fût pas naturelle; cependant elle ſera la maîtreſſe de faire dans la cave tous les mêlanges qu'elle voudra. Pareillement il ſera libre à toutes les ſubdélégations ou bureaux particuliers de tenir magaſins de vin, & de vendre en gros dans toute l'étendue du Royaume, dans les Villes principales & les Ports de mer, ainſi que la Compagnie le jugera à propos, & chacun fera de ſon mieux pour ſe ſurpaſſer; mais on obſervera que les vins de chaque diſtrict auront leurs marques particulieres, auſſi-bien que les claſſes de chaque qualité qui ſeront numérotées, afin que les acheteurs ne puiſſent pas ſe tromper au prix ni à la qualité. S'il

S'il arrivoit que les Bureaux des ſubdélégations tombaſſent dans le cas de quelque ſupercherie à cet égard, ils ſeroient mis à l'amende, leurs vins confiſqués, & ils perdroient le droit d'envoyer des Agens à la Généralité, pendant un tems qui ſeroit limité par le Bureau de ladite Généralité: avec ces précautions, on pourroit compter ſur la fidélité des vins. Il y auroit donc dans chaque Généralité un Port ou un Marché à vins, où les ſubdégations expoſeroient chacune leurs vins en vente, ſuivant ce qu'il leur ſeroit permis & réglé par le Bureau de la généralité; il n'y auroit d'autre préférence dans la vente, que celle que les acheteurs donneroient eux-mêmes par leur choix, ſelon que la marchandiſe leur conviendroit. Cependant le nombre de muids de vins en réſerve qu'on y pourroit faire conduire, ſeroit fixé, & il ne ſeroit pas permis d'en mener davantage. A l'égard des Marchands de vin en détail, que l'on appelle Cabaretiers, le nombre en ſeroit limité dans toutes les Villes, Bourgs, Villages, Hameaux, & ſur les routes du Royaume; au-lieu de former une Communauté, comme il eſt d'uſage dans les grandes Villes, on créera ces Maſtriſes en charge; & les Marchands n'auront pas beſoin d'autre ſolvabilité que la valeur de leurs charges, qui ſera uniquement

ment reſponſable des vins que la Compagnie leur confiera pour les vendre en détail, ſans pouvoir avoir ſur eux d'autre hypotheque : ainſi les Marchands de vin auront la facilité d'avoir à crédit des vins de la Compagnie pour les détailler juſqu'à la concurrence du prix de leurs charges. Chaque eſpece de vins leur ſera taxée conformément à ce que la Compagnie les vendroit aux Bourgeois, y compris les prix de ports & d'entrée, & en-ſus quinze pour cent, qui ſera le prix du Marchand qui vendra à pot & à pinte hors du cabaret, & trente pour cent vendus dans le cabaret, outre quinze pintes de bonne meſure par muid ; enſorte que le gain du Marchand en détail ſera fixe & ſûr. Chaque fois qu'il aura beſoin d'avoir des vins pour entretenir ſon commerce, la Compagnie lui en fournira, en rendant compte de celui qu'il aura eu précédemment, & en ſatisfaiſant à ces engagemens. Il ſera défendu expreſſément aux Cabaretiers de falſifier & mélanger les vins dans leurs caves, ſous peine d'une amende pour la premiere fois, & de punition corporelle en cas de récidive. Il y aura des Commis pour y tenir la main, & une partie des amendes ſervira à payer leurs appointemens. Ces attentions de la part de la Compagnie, feront cauſe que le Public en ſera mieux, & que l'on fera une consommation beaucoup plus forte; ainsi tant le Cultivateur que le Consommateur ne dépendant plus des Marchands, les choses en iront infiniment mieux pour l'Agriculture & pour le Commerce.

Entrons maintenant dans un certain détail sur la quantité de vins que la Compagnie sera obligée d'acheter: nous l'avons estimée en gros à 16 millions de muids, à raison de 22 livres 10 sols, ou du plus bas prix, pour soutenir cette denrée; mais il y a communément un bon tiers des vins qui sont d'une qualité supérieure; nous prendrons, tant pour l'achat que pour la vente, une moyenne proportion relativement à la qualité. Ainsi, pour ne pas passer les bornes prescrites, nous prendrons un prix qui soit aux deux tiers plus bas entre 22 livres 10 sols & 90 livres, ce qui fait environ 46 livres pour la moyenne proportion que nous cherchons: ainsi à estimer la chose en général, & du fort au foible, le prix de l'achat des vins pour la Compagnie se montera à environ 46 livres le muid, & celui de la vente sera de 69 livres: il faudroit donc que la Compagnie eût à employer à ses achats de tous les vins d'une année commune des fonds considérables, qui fussent de 736 millions en argent; mais comme il y a tout

H lieu

lieu de penser que cette Compagnie feroit un grand commerce de ses vins, outre la vente particuliere des vins en réserve qu'elle feroit pendant les années de disette, j'estime qu'année commune elle commerceroit, soit dans les Villes & les Provinces du Royaume, soit par les exportations chez l'Etranger, les trois quarts du vin qui se recueilleroit en France; joignez à ceci, que par le mêlange des différentes vendanges qu'elle assortiroit dans la cuve, & par les sages précautions qu'elle apporteroit pour conserver à ces vins toute leur force & leur bonne qualité, ce que des particuliers n'auront pas la commodité de faire, elle donneroit à la marchandise un prix qui lui attireroit la préférence dans la vente, soit chez l'Etranger, soit de la part des Villes & Provinces du Royaume, où il se fait un commerce très-considérable de cette denrée; ainsi on peut assurer sans exagération, que la moitié du vin qu'elle parviendra à commercer par le dehors du Royaume, lui produiroit un bénéfice qui, étant joint à la petite quantité qui se débiteroit pour les Villes & Provinces du dedans, seroit presque égal au profit qu'elle retireroit, en supposant qu'elle fît seule le commerce de tous les vins du Royaume, principalement au taux que nous avons fixé ci-dessus. Je ne crois point avoir grossir

grossir les choses; car une Compagnie aussi puissante que celle que je propose, & qui auroit des vaisseaux à elle en commun & par généralité, y chargeroit ses vins, & les transporteroit dans les Pays où elle les vendroit par elle-même aux Marchands habitans, ayant l'usage de porter ses vins, les meilleurs & les mieux conditionnés, dans des vaisseaux faits exprès, où le vin ne seroit pas exposé à perdre de sa qualité sur la mer, comme cela arrive le plus souvent, & de maniere qu'il ne fût pas sujet à être bu par les gens de l'équipage. Enfin, au moyen de ce que les vins en arrivant, auroient conservé toute leur force & bonté, comme d'excellens vins vieux qui n'auroient jamais sorti de la cave. Il est incontestable que les Etrangers préféreroient les vins de la Compagnie à ceux des Marchands, tels qu'ils pourroient les y conduire, & qu'ils les auroient enlevés de chez les Vignerons particuliers. On seroit pareillement sûr que la Compagnie, si elle le vouloit, pourroit attirer à elle seule ce commerce. Il seroit même avantageux pour elle, qu'aucun autre ne s'en mêlât: aussi seroit-elle parfaitement la maîtresse de l'empêcher; car si elle ne le faisoit pas, il arriveroit que ce commerce ne pouvant être conduit si bien par des particuliers, que par une Compagnie puissan-

puissante, retomberoit toujours au point où nous le voyons actuellement, où l'Etranger fait ce qu'il veut de nos vins, & nous le paye au prix qu'il juge à propos; de maniere que le Cultivateur est découragé, & ne travaille, pour ainsi dire, que pour retirer les simples frais de culture; il arrive souvent même qu'il ne les retire pas, au lieu qu'une Compagnie bien instruite de ses vrais intérêts, qui auroit dans le Bureau général un Conseil éclairé pour la gouverner, & qui auroit des fonds qui ne lui seroient point à charge, peut prendre tous les tempéramens qui lui conviennent le mieux, elle mettroit l'Etranger dans le cas de se conformer à ses volontés; mais aussi il faudroit que la Compagnie fût judicieuse à son égard, & qu'elle lui fournît une quantité de vins fixe, & à des prix raisonnables arrêtés entre le deux Nations; c'est de cette maniere que le Commerce peut se soutenir parfaitement. Nous avons pour exemple celui que les Hollandois font de leurs Epiceries. Ils sçavent exactement la quantité qu'ils en peuvent consommer, & s'ils en ont de trop, ils la jettent à la mer. Sans suivre jusqu'au bout une méthode si contraire à l'ordre de la Nature, on pourroit avoir quelque Nation, par exemple, nos Iles, pour servir comme de relais au commerce qu'on se feroit

roit fait à soi-même: on y porteroit les vins superflus, qu'on donneroit à des prix modiques pour s'en défaire; ou bien on pourroit les convertir en Eau-de-vie, que l'on réserveroit pour des tems plus favorables à la vente. Par exemple, les Hollandois consomment beaucoup de nos vins: si nous pouvions leur vendre nos vins de Bourgogne & de Champagne, rendus dans leurs Ports à 15 sols la bouteille, & à proportion pour les autres qualités de vins, qui fussent tous vieux & bien conditionnés, je suis persuadé qu'ils ne demanderoient pas mieux que de les recevoir de nous, & qu'ils augmenteroient de beaucoup la consommation qu'ils en font actuellement; car il leur seroit fort indifférent, à mon avis, de faire leur boisson de vin ou de biere, dès que les prix seroient convenables à leurs facultés, d'autant plus que leur biere est faite avec des matieres qui ne sont pas non plus de leur crû. Si cette Nation s'habituoit une fois à boire de nos vins, en considération du bon marché auquel nous pourrions les leur passer, en supprimant les droits de sortie hors du Royaume, & retranchant aussi tous ceux qui se perçoivent dans l'intérieur, & qui gênent mal-à-propos le commerce de cette denrée, on verroit bientôt combien le débit en seroit grand dans le

Royaume & au dehors, & que rien ne pourroit l'égaler. Voilà des vues certaines que je me propose de développer encore plus dans la suite, quand je m'étendrai en général sur le Commerce de la France.

Nous allons maintenant tâcher de constater en général le profit que cette Compagnie peut faire tous les ans sur ses vins, & faire voir qu'il peut aller à la moitié de la somme employée à l'achat d'une année; mais pour en venir là, il faudra qu'elle ait en réserve une provision, au moins triple, des vins qu'elle recueillera, année commune, afin de pouvoir mettre en vente des vins de deux ou trois années; alors les fonds deviendront très-considérables, & monteront au moins à trois fois plus: au lieu de 736 millions, il lui faudra 2 milliards 108 millions de livres, ce qui est immense, mais n'est pas difficile à trouver, comme je le ferai voir ci-après. Cependant dans cette occasion nous compterons l'intérêt de cet argent à 5 pour 100, ce qui formera un objet de 105 millions qu'il faudra payer d'intérêt chaque année pour ce capital à ceux qui l'avanceront, & on retranchera cette somme sur les bénéfices & profits annuels que fera la Compagnie, & qui sera de 368 millions, sur quoi il faudra déduire quelques frais particuliers de Ré-

Régie ; car à l'égard des appointemens des Officiers, comme ils ſont déjà payés ſur les Grains, ainſi que nous l'avons dit ci-devant, nous ne les compterons pas une ſeconde fois. Il y aura cependant encore à diſtraire l'intérêt des capitaux employés à la conſtruction des celliers, des caves, des foudres & des cuves, qui ont été évalués à 88 millions, pour loger une récolte. Ainſi pour en loger trois, ce ſera encore le double qu'il faudra ajouter, ce qui reviendra à 264 millions de capital: donc l'intérêt ſera de 13 millions 200000 livres, leſquels déduits de la ſomme provenante des bénéfices, il reſtera encore 209 millions 600000 livres, ſur quoi on ôtera la cinquieme partie pour le Roi, afin de le dédommager de tous les droits d'exportation & de gabelle dans le Royaume, lequel cinquieme montera à 41 millions 800000 livres que le Roi aura pour ſa portion, indépendamment d'un petit droit qu'il percevra ſur les entrées des Villes du Royaume, ainſi que nous le dirons à l'Article des Impôts, en déduiſant encore cette ſomme ſur le bénéfice que la Compagnie aura fait ſur les vins, il reſtera de net 168 millions 800000 livres, que la Compagnie ſe partagera ſuivant les places de diſtribution des profits que nous avons déjà preſcrits au ſujet du bénéfice ſur les grains en magaſin: les Actionnaires, c'eſt-à-dire, les particuliers, poſſeſſeurs des biens en fonds du Royaume, y trouveront un gain conſidérable, qui ſera un bien plus réel, & vaudra mieux pour la Nation que toutes les Mines du Pérou: car de cette maniere le Commerce du vin fera entrer dans le Royaume chaque année plus de huit à neuf cens millions, ſoit en argent, ou par échange, en matieres utiles pour nos Manufactures. On prendra d'abord ceci pour un paradoxe; mais le fait eſt réel, tel que je le propoſe. Tout le Monde en général n'eſt que comme une Nation ou une Famille, que l'intérêt & le commerce reſpectif réuniſſent. Il eſt queſtion que nos Politiques ſçachent bien ſaiſir les moyens qui peuvent engager les peuples à préférer notre commerce à celui des autres Nations; c'eſt ce dont je me flatte de démontrer la facilité, en parlant du Commerce en général de la Nation avec les autres Puiſſances de l'Europe, & même de tout le Monde, où je ferai voir comment toutes choſes peuvent avoir lieu. En attendant, je prie mes Lecteurs de conſidérer les avantages qui reviendront à la Nation d'un pareil ſyſtême, & combien cette Compagnie ſera utile pour maintenir l'harmonie qui doit régner entre le Commerce & l'Agriculture: dès

que

que les peuples verront le produit immenſe que les terres rapporteront par la culture des grains & celle des vignes, ils ne reſteront pas oiſifs; toutes les terres ſeront en mouvement: on ne verra que des productions ſurprenantes qui procureront une abondance ſi ſupérieure, que tout le monde en ſera étonné. Je ſuis en état de prouver que ſi l'Etat vouloit adopter le ſyſtême que je propoſe, & que le peuple fît uſage de la nouvelle méthode de cultiver les terres, que je vais donner inceſſamment au Public, le Royaume de France ſeroit en état, avant dix années, de fournir des vivres de toute eſpece, de quoi nourrir 40 millions d'habitans, & fournir à proportion des matieres pour entretenir nos Manufactures. Si les peuples pouvoient augmenter en nombre dans la proportion du progrès de l'Agriculture & du Commerce, ce qui n'eſt pas poſſible, cela ſeroit prodigieux; mais du moins il eſt inconteſtable que la Population augmenteroit beaucoup dans ce Royaume, ſi on obſervoit les moyens que je vais indiquer. Je prie mes Lecteurs de ſuſpendre leur jugement ſur tout ceci, juſqu'à ce qu'ils ayent vu toute la ſuite de cet Ouvrage.

ARTICLE XV.

Observations sur les Projets précédens.

BIEN des gens ſans-doute n'approuveront pas le ſyſtême en gros des denrées, tel que je le fais faire à la Compagnie d'Agriculture. Je m'attends qu'ils vont s'écrier: Que deviendront donc les Marchands, les Employés dans les Aides, & une infinité de perſonnes qui vivent dans la marchandiſe des vins? On compte que les Aides occupent plus de 30000 perſonnes, dont une bonne partie eſt mariée. Les Marchands qui achettent de la premiere main, & revendent aux Cabaretiers, ſeront donc inutiles: voilà autant de familles qui vont être privées de leurs occupations ordinaires. On en peut faire monter le nombre au moins de 5 à 6000 familles, qui font bien en tout 20000 perſonnes de tout ſexe: ce nombre joint à celui des Commis, y compris les familles de ceux qui ſont mariés, peut monter en tout à 60000 perſonnes qui n'auront plus d'emploi. On voit que je ne cherche point à affoiblir l'objection, mais j'ai une bonne réponſe à y faire. Je conviens que ces reproches ſeroient juſtes,

juſtes, ſi la Compagnie n'avoit pas de quoi occuper tout le monde d'une façon plus avantageuſe pour l'Etat. On doit bien penſer qu'il faudra dans chaque diſtrict ou ſubdélégation des Commis, ſoit pour régir les magaſins à grains, ſoit pour les caves, celliers & tous les entrepôts des vins, ce qui occupera quantité de perſonnes, ſans compter beaucoup d'autres emplois que la Compagnie donnera, & que nous ferons remarquer dans la ſuite de ces Mémoires, dans laquelle on verra que tout ce nombre de gens à qui j'ôte leur occupation, ne ſuffira pas pour les remplir: la différence qu'il y a entre ces emplois & ceux des Commis aux Aides, & les Marchands en gros, ſera grande à-la-vérité. Toutes ces perſonnes ne travaillent actuellement qu'à arrêter le cours du Commerce, au-lieu qu'ils travailleront à en faciliter le débit, en faiſant préparer les vins, les faiſant conduire enſuite à vil prix à leur deſtination, où ils doivent être conſommés.

Les droits que je ſupprime, ou que je réduis à peu de choſe, ſoit dans les Campagnes ou dans les Villes, donneront pareillement une grande facilité pour la conſommation. Les voitures dont les frais ſeront diminués de beaucoup, & les moyens d'empêcher les fraudes & les coulages que font les Voi-

turiers,

turiers, tant par eau que par terre, ne ruineront plus le Commerce. N'eſt-ce pas une choſe criante, qu'une demi-queue de vin des crûs d'Anjou, qui ne vaut que 10 livres pris dans les celliers des Vignerons, ſe vende à Paris plus de 80 à 90 livres la demi-queue, & ſur le pied que le Cabaretier la vend en détail, à 10 ſols la bouteille, revienne à plus de 120 livres; quelle différence entre 10 livres, prix du premier achat, & 120 livres, prix de la vente qui s'en fait au Conſommateur. Voilà une augmentation de 110 livres ſur 10 livres de principal; augmentation qui ne tourne au profit ni du Cultivateur, ni du Conſommateur; tout le profit eſt donc pour le Voiturier, l'Impôt & le Marchand: c'eſt ainſi que l'on paye à Paris tous les vins à proportion. On voit donc que ſuivant l'uſage établi, quand le vin ſeroit pour rien chez le Vigneron, il ſeroit toujours très-cher à Paris; ainſi nulle émulation pour encourager la culture des vignes; par conſéquent les Ouvriers fabriquans ne peuvent pas boire de vin à leur repas, ſans augmenter le prix de leur travail, d'où il arrive qu'ils en conſomment très-peu, ou que s'ils veulent en faire uſage, tout le profit de leur travail ſe trouve employé en boiſſon; ce qui les empêche de pouvoir rien mettre en ré-

ſerve,

ſerve, au moyen de quoi leur famille eſt toujours miſérable. Il eſt viſible que tant qu'on laiſſera ſubſiſter de pareils abus, jamais l'Agriculture ne fera que des progrès languiſſans; les ouvrages de nos Fabriques ſeront toujours à des prix trop au-deſſus des facultés des habitans, ce qui eſt un grand obſtacle au bien du Commerce. Si dans la Ville capitale qui eſt de toutes parts à la portée des vignobles, ces abus ſont ſi ſenſibles ſur le Commerce des vins, c'eſt encore bien pis dans les Provinces qui n'en produiſent pas, comme la Normandie, une partie de la Picardie, la Flandre, &c. qui tirent cette liqueur des Provinces éloignées; auſſi n'y boit-on preſque point de vin, parce que le prix en eſt exceſſif, & que peu de gens ſont en état de mettre 40 à 50 ſols à une bouteille de vin; il en eſt de-même à-peu-près des Pays étrangers où nous en envoyons. Cela poſé, comment veut-on que les peuples du Royaume mettent en valeur les terres propres à cette culture, ſi on arrête la conſommation de toutes parts, en ne mettant point à cette denrée un prix qui ſoit proportionné aux facultés des habitans? Il y auroit donc un bien grand intérêt pour l'Etat, que les Cultivateurs puſſent, ſuivant que je le propoſe, être chargés eux-mêmes, ſans peine ne & ſans embarras, de faire voiturer & vendre par-tout leurs vins aux Cabaretiers, dans les grandes Villes & chez l'Etranger, pour empêcher les fraudes, ils en fixeroient les prix ſur quatre claſſes différentes, afin que le Public fût inſtruit du détail, & moins exposé à être trompé. Le prix modique & la bonne qualité du vin les engageroit à faire une conſommation très-grande, & le Cultivateur en retireroit plus de profit, ſoit en qualité de premier vendeur à la Compagnie, ſoit comme aſſocié de cette même Compagnie, & ayant part à tous les bénéfices qu'elle peut faire; ainſi ſon intérêt s'y rencontreroit de tous côtés: mais ſi la Compagnie venoit à ſe relâcher des principes que j'ai établis, ce qui ne pourroit pas être du moins ſur les prix d'achat & de vente, puiſqu'ils ſont taxés, il arriveroit de-là que toutes choſes redeviendroient dans leur premier état. Il n'y a que cette balance de combinaiſon qui puiſſe toujours maintenir les choſes dans une proportion avantageuſe à l'Etat; car il faut que le Cultivateur participe en quelque choſe au bien que le Gouvernement peut retirer d'une bonne adminiſtration, qui, en favoriſant l'Agriculture, mette les Propriétaires des biens de campagne dans l'état d'aiſance néceſſaire, pour qu'à ſon tour il conſomme les ouvrages des

des Manufactures; c'est ce qui ne peut absolument s'opérer que par le moyen de la Compagnie que je propose. Si ce projet avoit lieu, il n'y a point de doute que tout le Royaume ne s'en ressentît, depuis le Laboureur jusqu'au Prince du sang, chacun dans la proportion plus ou moins grande de leur possession, & des actions qu'ils auront dans la Compagnie.

ARTICLE XVI.

Projet de quelques Réglemens sur le débit en gros des Vins de la Compagnie.

LA Compagnie tiendra dans chaque Ville Episcopale Capitale de Province, & dans celle où réside un Parlement, ou une Généralité, des magasins en commun, pour recevoir les vins indifféremment de toutes les parties du Royaume, selon les qualités & la quantité que le Commerce & la consommation le demanderont: ces magasins seront proportionnés à ce qu'il se débite de vin de ces sortes dans l'endroit chaque année, & les Bureaux des Généralités auront le soin de faire fournir dans ces magasins toutes les subdélégations tour à tour, à proportion de la force de leur

leur réſerve, & au prix auquel on demandera les vins. Les bureaux de ces magaſins tiendront un état, & rendront compte à chaque ſubdélégation des vins qu'elle aura envoyés, ſelon le prix preſcrit, & conformément aux claſſes & qualités qui lui auront été demandées. C'eſt dans ces magaſins que le Public & les Cabaretiers iront ſe fournir du vin dont ils auront beſoin: ces magaſins ſeront placés hors des Villes; & la Compagnie, pour faciliter encore plus les Marchands, ſe chargera de payer les droits d'entrée des vins qui ſeront pour l'uſage de la Ville, qu'elle ajoutera au prix principal du vin. Les voitures de tous les vins en général, tant de près que de loin, quand même le vin viendroit de 10 lieues ou de 200, n'importe, & cela afin de faciliter la vente des vins des crûs éloignés, comme des autres, ils ſeront eſtimés à raiſon de 3 livres le muid, laquelle ſomme ſera encore ajoutée au premier prix du vin qui aura été fixé en général, ſuivant ſon crû & ſa claſſe. Chaque ſubdélégation aura ſa marque diſtinctive, & les Agens du magaſin certifieront ces prix: s'ils ne ſont pas mis au taux convenable, on les baiſſera ou on les augmentera ſuivant leur généralité, & on en fera raiſon au bureau de la ſubdélégation qui les aura envoyés. De cette manie-

maniere le Public trouvera non seulement à se satisfaire dans le choix des vins, mais encore par les prix qui seront toujours proportionnés à la qualité. Nous avons déjà fait observer que la Compagnie ne vendra jamais de vin nouveau, & que ses vins, avant de pouvoir être mis en vente, devront avoir aumoins deux années. Il n'y aura que les Marchands particuliers à qui il sera libre de faire ce commerce des vins nouveaux, supposé qu'ils y puissent trouver un bénéfice capable de soutenir leur commerce; mais comme ils n'auront pas les mêmes avantages que la Compagnie pour faire ce négoce, ils ne pourront pas donner leurs vins à des prix aussi modiques que ceux de la Compagnie, qui par ce moyen aura un commerce supérieur à tous les autres.

ARTICLE XVII.

Description des Bateaux & autres Ustensiles pour voiturer les Vins par tout le Royaume, & même dans les Pays étrangers, sans craindre qu'ils perdent de leur qualité sur la route, ni qu'ils soient exposés à être bus par les Voituriers ou Mariniers.

IL y a d'ordinaire deux grands inconvéniens à craindre dans le transport

 des

des vins: le premier eſt que le vin perd ſa qualité ſur la route; & le ſecond, que les Voituriers ou Mariniers ne s'en laiſſent pas manquer, & qui pis eſt, qu'après avoir goûté de toutes les pieces, ils les rempliſſent d'eau, ou les laiſſent en vuidange. Je vais indiquer à la Compagnie des moyens sûrs dont elle pourra ſe ſervir pour prévenir ces deux inconvéniens. J'ai déjà annoncé qu'elle auroit des bateaux à elle appartenans, Généralité par Généralité, lesquels ſeront deſtinés à voiturer ſes denrées par-tout où beſoin ſera, comme on ſuppoſe, par rapport aux arroſemens généraux dont il a été parlé ci-deſſus, & dont la Compagnie en fera un de ſes principaux objets, comme on le verra ci-après; qu'il n'y a point de riviere dans le Royaume, ſi petite qu'elle ſoit, qui ne ſoit navigable, & qu'il y aura même quantité de canaux de communication, pour abréger les détours que font les tournans & les pentes oppoſées des rivieres, afin de communiquer des unes aux autres; que de plus ces rivieres & canaux auront pour le moins 7 à 8 pieds d'eau en profondeur & 30 de largeur; la Compagnie pourra y faire naviger avec de grands bateaux, d'une dimenſion à-peu-près ſemblable à ceux qui viennent de Rouen à Paris. Ces bateaux auront communément 20 toiſes de de longueur sur 20 pieds de largeur, & 7 de hauteur de bord; en supposant qu'ils jaugeront 5 pieds par le poids des marchandises; & un par leur propre pesanteur, il restera encore un pied de bord hors de l'eau, & ils pourront porter jusqu'à 700 milliers pesant, c'est-à-dire 350 tonneaux, mesure ordinaire de Mer, ou 1050 muids de vin, mesure de Paris, ce qui fera une voiture très-forte. On observe qu'il en coûte moins à proportion, pour amener un grand bateau chargé, qu'un médiocre: cela fera donc encore un article de gain pour la Compagnie. Plusieurs subdélégations pourront se cotiser pour contribuer à la charge d'un tel bateau, par exemple, en fournissant chacune une centaine de muids à la fois. Afin que la construction de ces bateaux soit durable, on aura soin de choisir dans les Forêts les meilleurs bois que l'on fera couper dans la seve, & qu'on mettra à l'eau tout aussitôt, sans les écarrir ni même en ôter les écorces; on les y laissera pendant un an pour s'y façonner. Au bout d'un an on les en tirera, & pour lors on les fera exploiter en planches ou en bois de charpente pour les bateaux, avec des scies mises en mouvement, par le moyen de l'eau, pour éviter les gros frais de main d'œuvre. Ces planches doivent être d'un bon échantillon, & avoir

 du-

du-moins de deux jusqu'à trois pouces étant vertes ; car elles se réduiront à moins en séchant : on les mettra en piles dans des endroits où elles soient à couvert du hâle, de la pluie, & du soleil. Quand elles seront bien seches, on les établira sur les chantiers pour faire les bateaux ; & après les avoir taillées & disposées toutes prêtes à être jointes ensemble, on les fera bouillir dans du goudron au moyen de grandes chaudieres faites exprès. Cette préparation faite, on bâtira le bateau en faisant joindre les planches bien près les unes des autres, au moyen des chantiers qui auront des entailles, & des coins qui les serreront. Pour garnir les jointures, on taillera de petites pieces de marrein, de la longueur d'un pied au plus sur trois pouces de large : au bout de chacune de ces pieces il y en aura d'autres qui croiseront en forme de queue d'aronde, comme cela se pratique en beaucoup d'endroits. Ces pieces de marrein auront, avant d'être placées, pareillement bouilli dans le goudron, & ensuite seront appliquées dans leurs entailles avec du mastic fait de poix-résine, de suif & de ciment extrêmement fin. Le tout étant versé bouillant dans les entailles & dans les joints des planches, on y appliquera les pieces de marrein qui auront été taillées

lées de mesure, & que l'on clouera avec des cloux faits exprès. Quand tout le bateau aura été garni de la sorte sur les gersures des planches, s'il y en a, on aura de grandes pieces de marrein, jointes & préparées d'avance, lesquelles seront d'un demi-pouce d'épaisseur sur six de largeur, & de la longueur ordinaire, qu'on passera aussi dans le goudron bouillant, avant que de les placer; & on les posera à côté les unes des autres, en travers des planches du bateau, tant du fond que des côtés; on les fera bien joindre les unes contre les autres; & pour cet effet on se servira du mastic tout bouillant dont nous avons parlé ci-dessus, qu'on appliquera sous ces pieces de marrein; puis on les clouera bien soigneusement en travers sur les planches, en observant que tous leurs bouts ne se trouvent jamais vis-à-vis des bouts de la piece qui est à côté. Cette espece de doublure fortifiera les planches, & ne permettra jamais à l'eau d'entrer dans le bateau, au travers des jointures & des gersures des planches, comme il n'arrive que trop souvent dans les bateaux ordinaires, ce qui nuit à la marchandise qu'on y charge, est souvent la cause de sa perte, & fait toujours que le bateau est de peu de durée; au-lieu que suivant la méthode que je viens d'indiquer, un pareil bateau peut durer plus de 50 ans, s'il ne lui arrive point d'accident extraordinaire. Je n'emploie point de mousse pour tingler ces bateaux, comme on est dans l'usage de le faire; car je trouve que la mousse ne vaut rien: elle forme une espece d'éponge, qui permet trop de passage à l'eau; d'ailleurs elle est sujette à se pourrir, & il faut recommencer trop souvent le tinglage. Les bois de charpente seront tous d'un bon échantillon, ils auront de huit à neuf pouces d'écarrissage; & on les placera à une égale distance, de maniere qu'il y ait autant de plein que de vuide. On aura soin auparavant de les mettre bouillir dans le goudron, ainsi que les plats bords, &c. Les chevilles auront aussi passé au goudron, & d'espace en espace on emploiera des chevilles de fer garnies de ficelle aussi goudronnée; les côtés du bateau seront renforcés en-dessous par de bonnes équerres de fer qui les garniront, & auront au moins un bon pied de chaque côté. A l'égard des courbes, on aura soin qu'elles soient d'un bon bois bien choisi, sans être entrecoupées & bien saines. Je suis entré dans le détail qu'on vient de voir, pour faire observer qu'il ne faut rien négliger quand il s'agit de construire des bateaux, de la solidité desquels dépend le succès d'une entreprise importante: c'est souvent à leur mauvaise construction qu'il qu'il faut attribuer la perte d'une partie, & quelquefois même de la totalité des marchandises; ainsi il est toujours plus prudent de dépenser davantage & de ne rien négliger pour s'assurer de la conservation de ce qu'on charge dans les bateaux. Voilà ce que j'avois à proposer par rapport à leur fabrique: on pourra de-même, si l'on veut, construire des navires pour la Mer; mais je donnerai en parlant de la Marine le projet d'un nouveau système de construction, tant pour les vaisseaux marchands que pour ceux de haut-bord, une construction qui les rendra d'un service plus assuré, & d'une défense meilleure dans le cas de quelque rencontre fâcheuse.

A l'égard des vaisseaux ou vases destinés à mettre le vin dans les bateaux, afin qu'il ne perde rien de sa qualité dans le transport, & qu'il ne soit point exposé à l'intempérance des Mariniers, on fera des foudres exprès, capables de contenir 100 muids de vin chacun, & on en placera dans chaque grand bateau jusqu'à dix, cinq de chaque côté, posées bout à bout; elles y auront quatorze pieds de longueur chacune, & il y aura entr'elles un espace de deux pieds pour servir de passage, afin de pouvoir passer entre deux. Ces foudres seront faites comme celles que j'ai décrites pour recevoir les vins dans les caves de la Compagnie; ces douves en feront de bon bois de chêne, épaiffes d'un pouce & demi; & les cercles feront des planches pliées au feu, comme je l'ai dit. On fera riffoler ces foudres par dehors dans le goudron bouillant, quand elles feront faites, afin que ce goudron les pénetre mieux, bouche tous les pores & les jointures des douves, détruife les vermoulures, & enfin rende le bois presqu'incorruptible. En parlant des différentes fabriques, je donnerai des moyens pour faire enforte que ces bateaux & ces foudres ne coûtent à la Compagnie que le quart au plus de ce qu'il en coûteroit actuellement, si on vouloit exécuter les chofes telles que je le propofe: c'eft dans ces foudres & dans ces bateaux qu'on pourra fans rien craindre faire tranfporter les vins d'une extrémité du Royaume à l'autre; on tranfvafera le vin des foudres de la cave dans celle des bateaux, qui y demeureront toujours dans la même pofition, par le moyen de fiphons, de pompes & de tuyaux de cuir boulli, qu'on allongera tant qu'on voudra, en y ajoutant des bouts de fix pieds de long, qui s'ajufteront & s'emboëteront les uns au bout des autres par des boîtes à vis. Ces tuyaux que leur grande longueur & leur pefanteur feroient caffer, feront fupportés de diftance en diftance par des four-

ches

ches ou des chevalets; ainsi il en coûtera fort peu, soit que l'on veuille transvaser le vin de la cave au bateau, ou du bateau à la cave; car deux hommes, avec une pompe aspirante & tous les ustensiles qu'on vient de dire, suffiront pour vuider une foudre en moins de dix heures de travail. Cette méthode de vuider les foudres, de charger & de décharger les vins, pourra s'appliquer pareillement aux vaisseaux, & au vaisseau dans des tonneaux ou bariques; cela abrégera beaucoup de tems & de dépense, de maniere que la Compagnie ne sera jamais dans l'obligation d'avoir des bariques, ni pour loger son vin ni pour le voiturer; ce sera une forte dépense d'épargnée, & une grande consommation de moins pour les bois qui ne sont pas trop communs. Quand une fois les foudres & les bateaux seront construits, c'en sera pour long-tems. Deux bateaux garnis de leurs foudres seront plus que suffisans pour voiturer tous les vins d'une généralité, ou pour en aller chercher dans les généralités qui en ont en abondance. Il paroît par cet exposé que la Compagnie n'aura point de frais bien considérables à faire pour voiturer ses vins, en quelque endroit du Royaume qu'elle voudra, lorsque les canaux & la navigation des rivieres seront dans l'état que je le propoſerai par la ſuite; ainſi que mes Lecteurs ne ſoient point ſurpris du grand avantage que je fais entrevoir dans les produits qu'en retireront les Propriétaires des fonds & l'Etat en général. A l'égard des droits que le Roi percevra directement ſur les vins, j'en ferai un article ſéparé, en parlant des Impôts.

J'ai dit ci-deſſus, que la Compagnie ne ſeroit pas dans l'embarras d'avoir des bariques: en effet les Particuliers & les Cabaretiers qui voudront acheter de ſes vins, auront ſoin d'en avoir; & on les remplira à même des foudres. Ce ſera leur affaire de veiller à ce que ces bariques ſoient en bon état, qu'elles ne donnent point de mauvais goût au vin, & qu'il ne s'y perde pas: comme de pareilles futailles ſeront pour durer long-tems, on les fera faire avec ſoin, garnir de cercles de fer, & goudronner en dehors, de maniere que ce ſera pour l'Etat un objet d'épargne qui tournera au profit du vin; car ſi on recueille dans le Royaume ſeize millions de muids de vin par an, par rapport au Commerce, on fait tous les ans la dépenſe de huit millions de futailles neuves, qui coûtent dans certains endroits, où le bois n'eſt pas commun, plus de ſix livres la piéce: or comme ſuivant ma méthode, il n'en faudra pas plus d'un million par an pour fournir à l'entretien des futail-

les

les bourgeoiſes, ou ſix millions de livres, ce ſera 42 millions d'épargne tous les ans ſur ce ſeul article, qui tourneront à l'avantage du vin, & qui feront un bien pour l'Etat.

ARTICLE XVIII.

Des Magaſins à fourages. Superflu que la Compagnie ſera obligée de faire dans tout le Royaume.

JE ne parlerai point ici de la maniere de former & d'améliorer les Prairies, je me réſerve d'en donner une idée générale, quand il ſera queſtion de parler des arroſemens généraux de tout le Royaume. Comme j'ai déja expliqué les différentes manœuvres de la Compagnie pour entretenir la balance dans le prix & le commerce des denrées, ſçavoir des grains & du vin, je vais expliquer ce qu'elle aura à faire par rapport aux fourages, qui ſont une denrée de premiere néceſſité. En effet les fourages ſont auſſi indiſpenſables pour le bien de l'Agriculture & du Commerce, que peuvent l'être les grains. On ne peut rien entreprendre dans la culture des terres, ſi l'on n'a des bêtes de trait: on ne pourroit rien voiturer par terre, ni même par

eau,

eau, ſans ces mêmes animaux. Après le pain, quelle eſt la nourriture la plus eſſentielle du peuple & des armées? C'eſt ſans difficulté la viande de boucherie. le beurre & le laitage: or comment peut-on avoir aſſez de toutes ces choſes pour fournir à la conſommation ordinaire, ſi l'on n'éleve pas des beſtiaux; & comment pourra-t-on en élever, ſi on manque de fourage? C'eſt donc un des principaux objets qui doivent fixer l'attention de la Compagnie & du Gouvernement, de pouvoir maintenir une balance exacte dans les denrées qui ſervent à la ſubſiſtance des beſtiaux, comme je l'ai propoſé pour les hommes au ſujet des grains & du vin. La trop grande abondance eſt preſque auſſi nuiſible que la diſette; car les Laboureurs qui n'ont rien de plus à cœur que de les faire conſommer, en augmentent le nombre de leurs beſtiaux, parce qu'ils tirent de ces animaux des ſervices conſidérables pour la culture & l'amélioration de leurs terres; mais arrive-t-il une diſette? la nourriture qu'on donne aux bêtes devenant rare, on eſt obligé de leur retrancher une partie de leurs alimens: or rien n'eſt plus préjudiciable au bétail, que de paſſer d'une extrémité à une autre, d'une nourriture bonne & abondante à une autre maigre & rare; cela leur cauſe une interruption qui les fait tomber

ber malades, & fait périr les plus foibles. Tel eſt l'effet de l'inégalité dans les récoltes en Foins; elles expoſent ſouvent les beſtiaux à des mortalités qui dérangent infiniment les travaux eſſentiels à la culture des terres, & cauſent toujours une cherté dans la viande de boucherie, qui ne ceſſe pas dans les années abondantes qui ſurviennent enſuite; car bien loin de vendre alors du bétail, les Laboureurs gardent les jeunes veaux & les geniſſes pour remplacer la perte de ceux qui ont péri; ainſi il ne ſe fait point de compenſation à cet égard. Le Commerce de la viande & l'Agriculture y perdent également; cette derniere eſt négligée, & les terres en reçoivent moins d'amélioration: qu'en réſulte-t-il? Que les denrées en ſont plus cheres, & que les peuples ont moins d'aiſance pour vivre. Tous ces inconvéniens n'arriveroient pas, ſi la Compagnie d'Agriculture achetoit les foins ſuperflus dans les années d'abondance à des prix convenables, & qu'elle les revendît à un tiers en-ſus du prix de l'achat dans les années de diſette. On pourroit fixer le prix des foins à quinze ſols le quintal dans les années d'abondance, & obliger la Compagnie à les vendre ſur le pied de vingt ſols dans les tems de diſette. La Compagnie pour cet objet n'auroit pas beſoin

de

de conſtruire des magaſins ; on ſe contenteroit ſimplement de mettre les bottes de foin en meules ; & afin de ne pas les expoſer à l'air, la derniere rangée de bottes qui ſerviroient d'enveloppe & de couverture à la meule, ſeroit de paille ; ainſi il n'en coûteroit point de dépenſe pour loger les foins, & la Compagnie n'auroit que le ſoin de faire recevoir les foins de bonne qualité qu'on lui apporteroit, de les faire ranger en meules, & de les faire diſtribuer à ceux qui viendroient l'acheter dans les tems de diſette. Suivant la conſommation qui ſe fait actuellement dans le Royaume, année commune en foins & en luzerne, on peut compter environ 150 millions de 100 de bottes de foin du poids de dix livres chacune ; ſi la Compagnie achetoit les foins ſuperflus, & qu'elle en pût mettre en réſerve de quoi fournir à la conſommation d'une année, il lui faudroit 112 millions 500000 livres de fonds, & elle vendroit tous les ſix ans ſes foins à raiſon de 20 ſols le quintal ; cela feroit 150 millions, & par ce moyen elle auroit 37 millions 500000 livres de bénéfice pour ſix années, ce qui feroit environ 6 millions 250000 livres par an, ſur quoi diminuant 1250000 livres pour le cinquieme au profit du Roi, reſteroit pour la Compagnie 5 millions 200000 livres, & en ſuppoſant 700000 livres pour

pour la dépenſe des meules & des frais de régie, la Compagnie auroit de profit net chaque année environ 4 millions 500000 livres pour l'article des Fourages.

ARTICLE XIX.

Suite des Entrepriſes de la Compagnie d'Agriculture pour les Boucheries du Royaume.

UN Auteur anonyme qui a donné un Mémoire dans le *Journal Oeconomique du mois de Novembre* 1736, a très-judicieuſement obſervé que le découragement pour l'Agriculture ne venoit que faute de conſommation, & que ce défaut nuiſoit également au Commerce général de l'Etat; ce qui occaſionnoit dans les Arts & dans la Culture des terres une inanition qui portoit des atteintes dangereuſes à la puiſſance de l'Etat. Ce même Auteur nous a fort bien développé une partie dans laquelle réſidoit ce mal, c'eſt-à-dire, dans les privileges qui ont été accordés autrefois à des Villes particulieres, & à des Provinces au préjudice des autres Pays. De pareilles conceſſions pouvoient avoir leur utilité dans le tems qu'elles furent faites. On a voulu lu favoriſer les établiſſemens des grandes Villes : pour cet effet on leur a accordé des immunités, des droits de bourgeoiſie & autres, afin d'engager les peuples à ſe raſſembler dans des enceintes de mur, pour ſe conformer à une Police plus exacte & plus réguliere que celle des Campagnes ; enfin pour polir les mœurs par la converſation & le voiſinage d'une certaine quantité de perſonnes aiſées, animer les Arts en les excitant les uns les autres par le luxe, & donner par ce moyen une plus grande étendue au Commerce : mais aujourd'hui les mêmes motifs ne ſubſiſtent plus ; les Villes ne ſont que trop peuplées, au préjudice évident de l'Agriculture ; le luxe eſt parvenu à l'excès, & notre Commerce s'eſt étendu autant que nos facultés ont pu nous le permettre ; ainſi il faut enviſager ces choſes ſous un autre point de vue que dans ces premiers tems, où la Politique avoit des raiſons toutes différentes de celle qu'elle a maintenant. Il eſt inconteſtable que c'étoit alors un bien de rapprocher les hommes les uns des autres, & de réunir dans un petit eſpace beaucoup de familles qui étoient éparſes dans les Campagnes, & qui ne trouvoient pas une occupation ſuffiſante dans les champs, pour les inſtruire à quelque choſe de plus grand que les ſoins & la manutention de la

Cam-

Campagne. Il falloit donc leur proposer une position avantageuse pour cela, & les Villes ont été d'une grande utilité pour l'exécution de ce dessein : au moyen des privileges que nos Rois leur ont accordés, ils y ont trouvé des commodités & des agrémens que le Commerce & les Beaux-Arts y ont apportés. Il n'en a pas fallu davantage pour y attirer les peuples de toutes parts : ils y sont venus en foule ; & actuellement le nombre en est si grand, & nos Villes sont si remplies d'habitans, en comparaison de nos Campagnes, que la balance n'est plus observée. Cette trop grande quantité de monde qui afflue, loin de contribuer à l'augmentation de nos richesses & à la force de l'Etat, qui réside dans une population nombreuse, laisse dans les Campagnes un vuide considérable, qui fait que les terres en sont bien moins cultivées, & qu'ainsi les récoltes sont plus maigres & beaucoup moins abondantes qu'elles ne devroient l'être ; car nos richesses, si on y fait bien attention, tiennent plus à l'Agriculture & à l'industrie des peuples qu'à tout autre moyen. Or rien n'est plus contraire à l'un & à l'autre, que de permettre aux Villes de s'étendre, & de se remplir d'une trop grande quantité de personnes qui ne peuvent être toutes occupées, & qui dès-lors deviennent inutiles & désœuvrées. Voilà la premiere origine de la misere des peuples, voilà le premier principe du mal dont on se plaint à-présent, mais inutilement: nos Rois ont très-bien reconnu cet inconvénient, lorsqu'ils ont établi depuis aux portes des grandes Villes, des droits d'entrée sur les denrées & sur certaines marchandises, à proportion du plus ou moins d'utilité dont elles sont pour l'utilité de la vie; c'est ce qui a fait renchérir les vivres dans les Villes, & a procuré une augmentation dans la perception des Deniers Royaux, même cette précaution n'a pas remédié au mal; au contraire elle a diminué la consommation dans les matieres premieres qui proviennent des fruits de la terre, ce qui a déterminé les habitans des Villes à se retrancher sur le vêtement & le logement, & même en quelque sorte sur l'essentiel de la nourriture, afin de pouvoir supporter les charges des Villes, & n'être point obligé de les quitter & de changer de demeure: ainsi les moyens qui d'abord avoient paru les plus propres à ramener tout dans l'ordre, n'ont point contribué, comme on se l'étoit imaginé, à animer l'Agriculture: au contraire les gens de la Campagne en ont trouvé moins de débit de leurs denrées; & les habitans des Villes consommant moins de toutes les manieres,

nieres, il en eſt réſulté un vuide immenſe dans tout le Commerce. La population s'eſt trouvée diminuée, & la puiſſance de l'Etat en a ſouffert à proportion. Il eſt donc d'une néceſſité bien grande & preſque eſſentielle pour le Gouvernement, de prendre une autre tournure plus avantageuſe pour le Public, ſans que les finances en ſouffrent de diminution; car il ſeroit à ſouhaiter plutôt qu'elles s'augmentaſſent, ſans que les peuples en fuſſent ſurchargés. Or je ne vois aucun moyen de produire tous ces effets, que l'établiſſement de la Compagnie d'Agriculture au ſujet des grains, des vins & des fourages; mais comme la viande de boucherie eſt préciſément dans le même cas, je ne ferai point de difficulté de charger pareillement cette Compagnie du ſoin d'en fournir dans toute l'étendue du Royaume, à toutes les Villes, Bourgs & Villages. La viande de boucherie eſt un aliment de ſeconde néceſſité; c'eſt après le pain une des denrées les plus eſſentielles à la nourriture de l'homme; & on ne peut s'en paſſer que très-difficilement, quand les beſtiaux ont ſervi à cultiver & à engraiſſer les terres, & qu'on en a tiré tout le ſervice dont ils ſont capables; ils ſont encore un revenu conſidérable aux propriétaires des Biens de campagne qui les vendent; ſi on ne facilite pas la conſommation de ces beſtiaux, il eſt certain que les Villes en ſouffriront, & que les Campagnes ſe verront privées d'une bonne partie de leur revenu. Il y a des Provinces en France où la viande de boucherie eſt à très-bon compte, tandis que d'autres ſont obligés de la payer fort cher; ce ſont les Marchands de la ſeconde main qui, par les grands profits qu'ils exigent, cauſent cette cherté, ainſi que les droits d'entrée & de caiſſe, qui ſont des droits très-onéreux pour le peuple, & qui cependant ne rapportent pas au Souverain un revenu aſſez conſidérable pour tout le mal qu'ils cauſent aux particuliers, comme je me propoſe de le faire connoſtre dans ce Mémoire.

Pour appuyer mes ſpéculations, &, autant qu'il eſt poſſible, les fortifier par des preuves, je me ſervirai des connoiſſances que la Province de Guienne & la Ville de Paris peuvent me fournir: on peut juger par la comparaiſon que j'en ferai, de ce qui arrive dans le reſte du Royaume. En Guienne le bœuf ne vaut communément que trois ſols la livre de ſeize onces, ou neuf ſols celle de quarante-huit. Le veau & le mouton s'y vendent à proportion; les bœufs ſont fort communs dans ce Pays, puiſque Paris en tire beaucoup de cette Province, par la médiation des Marchands Limouſins. Ils valent communémunément dans les Foires 300 livres la paire; mais pour cela il faut qu'ils ſoient bien gros & bien gras, de maniere à peſer ſept à huit cent livres de viande, quand toute la dépouille en eſt ôtée. Les frais de voyage pour les amener de la Province aux Marchés de Sceaux ou de Poiſſy, ne ſont pas extrêmement conſidérables; car de bons Bouchers de Paris m'ont aſſuré que cela n'alloit pas à dix livres par bœuf. Le ſol pour livre que la Caiſſe de Poiſſy perçoit ſur le prix de la vente, fait un objet d'environ 10 livres, & les droits d'entrée aux barrieres de Paris, vont à environ 15 livres, ainſi chaque bœuf rendu à la boucherie revient à environ 185 livres. Un Boucher fameux que j'ai conſulté ſur tout ce qui concerne ſon métier, m'a fait connoître que toute la dépouille d'un pareil bœuf, qui conſiſte dans le ſuif, le cuir, la tête, les pieds & le ventre, vaut pour l'ordinaire 80 livres, qui étant déduits du prix de l'achat, il ne reſte plus que 105 livres pour la valeur de 700 peſant, en ſuppoſant même qu'il n'y en ait point davantage. D'après cette obſervation fondée ſur le fait même, la viande ne devroit coûter au Boucher que 3 ſols la livre l'un dans l'autre, ſi le Marchand oublioit ſon gain; cependant la viande ſe vend à Paris 8 ſols la livre, & malgré cela on

 voit

voit fort peu de Bouchers devenir riches, ni de Marchands de bœufs faire fortune. D'où cela peut-il venir? ce ne sont point les droits du Roi qui ont pu causer directement une pareille cherté sur la viande de boucherie; disons plutôt que les Bouchers font de gros crédits sur lesquels ils perdent beaucoup; qu'ils font chez eux de grandes dépenses pour leur famille, & dans leur Commerce; que la plupart sont trompés par leurs garçons, & qu'en général il y a parmi les gens de cet état peu de conduite & d'œconomie; tout cela influe considérablement sur le Commerce. S'ils ne sont pas payés exactement par les particuliers à qui ils ont fait des crédits, & qu'on leur fasse perdre ce qu'on leur doit, comme il arrive assez souvent, ils en font autant de leur part aux Marchands de bœufs; de sorte que les uns & les autres perdent presque toujours le fruit de leurs peines & de leur travail: cependant il n'en résulte rien d'avantageux pour la consommation. Au contraire, les Pauvres à qui on ne fait ni crédit ni grace quand ils doivent, & qui sont les plus nombreux, n'étant pas en état de payer la viande si cher, en consomment peu, & les Agriculteurs ou propriétaires des bestiaux, n'en font pas un débit proportionné à celui qu'il conviendroit de fai-

faire, eu égard à la quantité de bestiaux qu'il faut pour cultiver les terres & les améliorer; en conséquence on ne s'applique pas à augmenter le nombre des prairies, ni celui des bestiaux.

Ce que nous venons d'observer par rapport aux bœufs, peut s'appliquer aussi aux veaux & aux moutons; car c'est précisément la même chose pour le Commerce: cela cause un préjudice des plus grands dans l'Etat; les Cultivateurs en sont découragés, ils n'ont plus assez d'aisance pour travailler comme il faut, & améliorer leurs terres; au-lieu que s'ils avoient un débit certain dans leurs bestiaux à un prix raisonnable, cela les engageroit à en élever une plus grande quantité, dont ils tireroient un profit considérable: les habitans des Villes qui auroient la viande de boucherie à meilleur compte, consommeroient le double ou le triple de ce qu'ils font actuellement, dès que le prix s'en trouveroit en quelque proportion avec celui du pain. Il est d'expérience que la livre de viande équivaut pour la nourriture au moins à deux livres de pain. Or il n'y a point de doute que si le petit peuple dans les grandes Villes pouvoit avoir la viande commune sur le pied de 3 sols la livre, il en mangeroit beaucoup plus, & consommeroit bien moins de pain;

 c'est

c'est l'abondance & le prix modique des nourritures qui occasionnent la consommation des denrées, & font briller & fleurir le Commerce. Entrons un peu dans le détail de ce point de vue politique. Si le peuple qui journellement fait une consommation des denrées, au-lieu de les payer aussi cher qu'il les paye dans les années de disette, actuellement à Paris, où le pain vaut 3 sols la livre, & la viande 8 sols, ou 6 sols au moins la basse viande, ne payoit le pain que sur le pied de 18 deniers, & la viande commune 3 sols, ce qui pourroit fort bien se faire sans changer en aucune sorte l'état des choses; alors, quand on supposeroit qu'il ne faut que cinq quarterons de pain & un quarteron de viande par jour par chaque tête, (ce qui est fort modéré, & peut-être une estimation trop basse) ce seroit une épargne de 2 sols 7 deniers pour chacun, sçavoir, 9 deniers sur la viande & 22 deniers sur le pain: de plus, en supposant comme nous l'avons dit, le vin ordinaire à 4 sols la bouteille dans Paris, & un demi-septier pour l'usage de chacun, il n'en coûteroit qu'un sol pour cet article: au-lieu de deux, joignez ce sol d'épargne sur le vin aux 31 deniers d'économisés sur le pain & sur la viande, cela feroit pour chaque tête d'habitant une épargne de 3 sols 7 deniers

niers par jour, en comprenant également les grands & les petits, les pauvres & les riches, & observant la proportion entre les habitans des Villes & ceux des Campagnes. Cet objet qui ne paroît d'abord qu'une bagatelle, en le considérant dans le particulier, devient d'une conséquence immense pour le général; car quand on supposeroit que le nombre du peuple de tout le Royaume ne monte qu'à 20 millions, cela feroit de moins pour une seule journée une dépense de 3 millions 875000 livres sur la nourriture du peuple, & par année un milliard 414 millions 375000 livres; on peut entrevoir par ce seul exposé, que dans un Etat aussi vaste & aussi peuplé que la France, il n'y a point de petit objet, & qu'il est de la derniere conséquence de favoriser, autant que faire se peut, la consommation des denrées du crû du Royaume, & d'entretenir en même tems une balance exacte dans le prix & dans le débit des marchandises, de maniere qu'elles soient toujours à peu de chose près de la même valeur, & que les peuples ne passent pas d'une extrémité à l'autre, d'un prix vil & trop bas à un autre excessif, & qui excede leurs facultés: si cependant le peuple, après avoir suffisamment fourni à la subsistance nécessaire, se trouvoit avoir tous les jours e[illegible]erve 3 millions 875000 livres d'argent de plus qu'il n'a à présent, ou par an un milliard 414 millions 375000 livres, il répandroit cet argent dans le Commerce, qui en recevroit un accroissement considérable: or il ne peut y avoir qu'une Compagnie telle que celle que j'ai proposée dans les articles qu'on a lu précédemment, qui puisse faire une semblable entreprise, & procurer un pareil changement dans le Commerce, dans l'Agriculture & dans la Finance. Nous l'avons déjà prouvé par rapport aux grains, aux vins & aux fourages; nous allons tâcher d'en faire de-même par rapport aux viandes de boucherie, qui avec les trois précédentes denrées, font les quatre principaux objets de premiere nécessité.

ARTICLE XX.

Réglement que la Compagnie d'Agriculture observeroit pour les Viandes de boucherie.

NOUS avons déjà dit que jamais la Compagnie ne pourroit faire commerce exclusivement aux autres particuliers, & que les Marchands auroient à cet égard la même liberté dont ils jouis-

jouissent actuellement ; ainsi elle ne pourroit rien faire qui ne fût à l'avantage du Public. 1. Elle achetteroit dans les Foires tous les bestiaux qui y seroient exposés en vente, à un prix fixé suivant leur poids & leur qualité, & on péseroit ces bestiaux tout vivans avec des balances faites exprès, qu'il y auroit dans les Marchés publics ; les gros bœufs bien gras seroient taxés à environ 150 livres chacun, pourvu qu'étant pesés tout vivans suivant un certain poids, ils pussent fournir de net, & la dépouille ôtée, 700 livres de viande, & les payeroit plus ou moins, suivant leur pesanteur. Une ou deux expériences suffiroient pour régler cette proportion ; les bœufs maigres payeroient par cent livres pesant six livres de moins que les bœufs gras, les vaches grasses moitié des bœufs, & les maigres moitié des bœufs maigres : les moutons, les veaux, &c. seroient aussi taxés à raison de la pesanteur qu'ils auroient tout vivans ; les gras se payeroient à proportion plus que les maigres, & les veaux auroient aussi un prix proportionnément plus haut que les bœufs & moutons, afin que ce prix empêchât une trop grande consommation, qui nuiroit à coup sûr à la multiplication de l'espece : or comme les Paysans pourroient être tentés d'en abuser, il y auroit un réglement qui défendroit

droit de vendre des veaux, que dans le cas où l'on en auroit plus d'un pour deux vaches, c'eſt-à-dire, que pour faire le remplacement des vieilles vaches & des bœufs qui ſeroient vendus, il ſeroit enjoint de garder toujours des jeunes veaux ou geniſſes, un de deux en deux vaches, juſqu'à ce qu'ils euſſent été employés au remplacement de quelques bœufs ou vaches; enfin on pourroit vendre ces beſtiaux réſervés, à condition qu'il y eût toujours dans l'étable le nombre complet & ſuffiſant pour les remplacer; ainſi il n'arriveroit jamais, comme on le voit quelquefois à préſent, que l'eſpece manquât. C'eſt un point eſſentiel que la Compagnie auroit ſoin de faire obſerver dans chaque diſtrict. Par ces précautions les foins étant toujours à un certain prix, les beſtiaux ſe trouveroient toujours de la même valeur; ſi les Marchands ordinaires faiſoient quelque difficulté d'acheter les beſtiaux au prix que je viens de dire, alors les particuliers qui auroient beſoin d'argent & des beſtiaux à vendre, les améneroient au Marché particulier de la Compagnie, qui feroit un parc ſitué à la portée des magaſins, où il y auroit des étables toutes prêtes pour les recevoir, & y engraiſſer les bœufs maigres avec une partie des foins du magaſin; cette Compagnie auroit en commun des terreins que l'on auroit mis en prairies à regrain, comme nous le détaillerons plus amplement, quand nous traiterons des différentes branches de l'Agriculture; desorte que ces bestiaux maigres ou gras y trouveront de la pâture jusqu'au moment de leur départ pour la boucherie, & les maigres s'y engraisseront: enfin les uns & les autres, en attendant leur sort pour les différentes destinations qu'on en feroit, seroient nourris aux dépens de la Compagnie; les veaux seroient pareillement engraissés avec les sons des boulangeries de la Compagnie, & la commodité de la navigation en faciliteroit le transport, sans qu'ils fussent meurtris par les liens dont ils sont attachés, & par les voitures fatiguantes par terre. Tous ces arrangemens, comme l'on voit, seroient un grand avantage pour les habitans de la Campagne, qui par ce moyen auroient promptement & sans retard l'argent des bestiaux qu'ils veulent vendre; ils ne perdroient point, comme ils font, leur tems à courir les Foires, avant que de pouvoir s'en défaire, sans les laisser trop à leur perte. L'Agriculture ayant la facilité de trouver sur le champ par ses bestiaux les secours qu'elle en attend, seroit en état de faire face à ses affaires qui en iroient beaucoup mieux, & la valeur des bestiaux étant une fois

fixée

fixée par le Bureau général dans une proportion relative aux autres denrées, mettroit les habitans de la Campagne dans le cas d'en pouvoir élever une plus grande quantité, & par une suite naturelle, de mieux cultiver les bonnes terres, & d'améliorer les médiocres: en conséquence de ce projet, la Compagnie pourroit avoir dans chaque district un ou plusieurs étails pour y vendre la viande au prix que nous dirons ci-après; il y auroit aussi dans toutes les Villes de généralité & dans la Capitale une tuerie générale, & des Etaliers-bouchers, qui appartiendroient à la Compagnie. Cette tuerie, à cause de la propreté, & par rapport à la commodité des eaux, seroit placée hors des Villes dans un endroit convenable, pour y pouvoir conserver la viande en Eté comme en Hiver, mieux qu'elle ne se garde dans les tueries ordinaires. Ces lieux seroient construits aux dépens de la Compagnie générale, dans les Villes des généralités, & dans chaque district avec les fonds du district même, & de ses deniers. Voyons actuellement ce que le bœuf peut valoir à Paris, vendu dans l'étal, tout coupé & prêt à être distribué aux acheteurs. Si sept cent livres de viande coûtent de premier achat 150 livres, plus 10 livres de transport près comme loin, & en en outre 5 livres pour les frais de tuerie ; le tout se montera à 165 livres par bœuf, pesant sept cent livres de viande, sans compter la dépouille produisant quatre-vingt livres, comme nous l'avons dit d'après l'estimation des Bouchers mêmes, il ne restera plus, cette somme diminuée, que 85 livres pour la valeur de sept cent de viande, qui par ce moyen reviendra à-peu-près à 2 sols 6 deniers la livre, en donnant au garçon qui en fera le détail six deniers par livre, avec les quatre au cent de bénéfice, & comptant les quatre au cent, à cause des petits poids, comme un objet de 4 livres sur la totalité du prix du bœuf, la viande coûtera à la Compagnie 3 sols la livre, elle la fera revendre au Public sur le pied de 4 sols la livre, qui est un prix bien modique ; ainsi les sept cent livres de viande produiroient 140 livres en argent, qui en y joignant 80 livres pour la dépouille & l'abbatis du bœuf, feroient la somme de 220 livres, sur quoi il faut rabattre d'abord 165 livres pour l'achat du bœuf, les frais de transport & de tuerie, 4 livres pour les 4 au cent, & 17 livres 10 sols pour le salaire du garçon de détail, à raison de 6 deniers par livre ; le tout feroit 186 livres 10 sols, à déduire de la somme de 220 livres, partant il resteroit pour la Compagnie

pagnie 33 livres 10 sols de bénéfice net pour chaque bœuf, sans y comprendre le profit qu'elle pourroit tirer, en faisant engraisser les bœufs maigres dans les différens districts. Cet objet feroit encore un gain particulier qui resteroit à chaque district où se trouveroient les bœufs, comme une indemnité de quelque perte qu'ils pourroient faire sur les bœufs gras, & par la mortalité; c'est pourquoi nous n'entrerons pas dans ces petits détails.

Cependant à Paris, & dans toutes les Villes des généralités, la viande du bœuf ne vaudroit que 4 sols la livre, prix commun de la meilleure viande & de la médiocre; mais comme il n'y auroit point de justice à faire payer la basse viande aussi cher que les bons endroits, il y auroit la moitié du bœuf qui seroit mise en prime & l'autre moitié en seconde: pour cet effet on auroit des étails particuliers, où il ne seroit vendu que de la prime, & d'autres où l'on ne débiteroit que de la basse viande; avec défense, sous peine d'une amende considérable, aux garçons de détail, de vendre de la viande médiocre à ces étaux destinés pour la viande prime; le prix de la prime seroit fixé à 5 sols la livre, & celui de la seconde à 3 sols; ce qui reviendroit au même pour la Compagnie, que si elle vendoit le tout sur le pied de 4 sols la livre.

Il

Il ſeroit permis de vendre de la vache & de la brebis dans les étails de la baſſe viande, mais jamais de veaux, ni moutons gras. Ces boucheries à bas prix ſeront pour le petit peuple, qui pourra pour peu de choſe avoir toujours de la viande à ſes repas. Dans les Campagnes où les frais de tuerie & de détail ſeront moindres, la viande pourra ſe donner à meilleur compte à proportion. On peut évaluer la chair des veaux & des agneaux à un ſol par livre plus cher que celle du bœuf & du mouton, d'autant que ce ſont des viandes qui ne ſont point faites, & qui ſont plus à l'uſage des perſonnes riches que des pauvres. Quant au mouton, la chair en ſera miſe de pair avec celle du bœuf, c'eſt-à-dire, à 5 ſols la livre. Il eſt à propos que la chair de ces animaux ſoit vendue à un prix un peu plus ſoutenu que celles des groſſes bêtes à cornes, afin d'engager les particuliers à entretenir une plus grande quantité de bêtes à laine, qui ſont d'un ſervice ſi eſſentiel pour l'engrais des terres & pour les Fabriques.

D'après cet arrangement qu'on vient de faire, il eſt viſible qu'il y auroit une grande diminution ſur le prix de la viande de boucherie, tant à Paris que dans les autres Villes du Royaume; les Bouchers ordinaires pourroient faire le commerce, acheter des bœufs, les tuer & les vendre à leurs étails, comme ils ont coutume de faire; & afin qu'ils n'eussent pas lieu de se recrier, le Roi supprimeroit toutes les sortes de détails que l'on perçoit à-présent sur les bœufs: mais quelque chose qu'ils pussent faire, il est certain qu'ils ne pourroient gueres fournir la viande au même prix que la Compagnie, puisqu'ils payeroient les bœufs aussi chers qu'elle, & qu'ils n'auroient pas les mêmes avantages qu'elle: car lorsque les bœufs seroient par hazard à un prix plus fort que celui que nous avons supposé, la Compagnie seroit toujours obligée de fournir la viande sur le même pied, pour y pouvoir suffire; il faudroit alors qu'il lui fût permis d'en tirer des Pays étrangers par la voie du Commerce: en suivant cette méthode, on empêcheroit que l'espece ne vînt à diminuer de quantité; car quand il arrive que les bœufs sont chers, les particuliers ne consultant que le tems présent, vendent leurs bestiaux, & se trouvent dégarnis & hors d'état de faire les travaux de la Campagne, qui alors produit beaucoup moins dans les années suivantes, comme on le remarque toujours après quelque grande mortalité. C'est ce qui n'arriveroit jamais dans notre supposition: car la Compagnie générale qui auroit une connoissance exac-

te

te de tous les bestiaux du Royaume, & la consommation annuelle qui s'en feroit, si cette Compagnie attentive au bien général & à ses véritables intérêts, ne trouvoit pas que le nombre des bestiaux pût fournir à la consommation, elle tireroit des Etrangers par la voie du Commerce ce qui lui en manqueroit: si au-contraire elle en avoit de trop, elle pourroit par la même voie en exporter dans les Pays à qui il en faudroit; mais cette façon de commercer ne seroit permise que dans les deux cas particuliers qu'on vient de dire, & ce seroit le Bureau général qui en décideroit.

Quand le Roi a besoin de viande pour la nourriture de ses Armées, cette Compagnie lui en fourniroit au même prix que nous avons dit, ce qui seroit bien plus avantageux que de la faire fournir par des Traitans, qui la font payer cher au Roi: il en seroit de-même des autres denrées de ses magasins, de maniere que le Roi trouveroit dans cette Compagnie à peu de frais & sans tant d'embarras, des ressources considérables pour fournir à la subsistance de ses Armées; au-lieu que ce sont ordinairement des Traitans qui font ces entreprises, qui quelquefois en s'enrichissant, gâtent les affaires du Roi, & par conséquent appauvrissent l'Etat. Suivant notre Systême, la Compagnie composant pour ainsi dire l'Etat elle-même, en œconomisant les intérêts du Prince, feroit en même tems son avantage & celui de toute la Société: examinons maintenant sur ce plan le gain particulier que cette Compagnie pourroit faire sur les viandes de boucherie.

ARTICLE XXI.

Quel produit la Compagnie pourroit retirer tous les ans de la Vente des Bestiaux pour la fourniture de la Viande de boucherie dans tout le Royaume.

NOus avons supposé que chaque particulier riche ou pauvre, grand & petit, mange tous les jours un quarteron de viande. Cette estimation est bien modique: il en coûtera donc pour cet article, proportion gardée, entre la prime viande & la médiocre, un sol par jour: or comme un quarteron de viande est équivalent à plus d'une demi-livre de pain, les pauvres n'hésiteront pas à manger de la viande avec leur pain; c'est un principe que l'on doit poser comme incontestable: il faudra donc par jour pour fournir de la viande à tout le Royaume 5 millions de livres de viande; & en supposant pour un moment, que le tout fût

du

du bœuf de 700 livres pesant, & confondant les veaux & moutons tout ensemble, il faudroit tous les jours environ 7000 bœufs : or comme il y a à-peu-près 200 jours gras dans l'année, dans lesquels il se consomme beaucoup de viande, cela ira pour le tout à un million 400000 bœufs que la Compagnie pourra débiter tous les ans, ce qui ne me paroît pas trop fort, suivant la supposition que j'ai faite précédemment : si la Compagnie trouve sur chaque bœuf un bénéfice de 33 livres 10 sols, elle profitera en tout chaque année de 46 millions 900000 livres ; mais il ne lui faudra des fonds que pour acheter des bœufs d'un mois tout au plus, parce que l'argent rentrera à mesure que le débit se fera : elle n'aura donc à acheter d'avance que la quantité de 216 mille 666 bœufs, qui, sur le pied de 150 livres la piéce, formeront la somme de 32 millions 500000 livres à-peu-près, dont l'intérêt à 5 pour 100, fera un million 625000 livres qu'il faudra déduire sur le produit : il restera donc en commun à la Compagnie 45 millions 275000 livres, le Roi ayant un cinquieme à prendre sur les bénéfices que fait la Compagnie : il faudra encore diminuer pour cet article 9 millions 55000 livres, ce qui est bien plus fort que ce qu'il tire à-présent sur la partie de la viande ; par conséquent la Compagnie d'Agriculture retirera du profit net une ſomme de 36 millions 200000 livres, qui ſera répartie, ſçavoir, moitié entre les diſtricts qui auront fourni les bœufs, & à proportion de leur fourniture, & l'autre moitié entre toutes les ſubdélégations, au prorata du nombre de leurs Actions dans la Compagnie, comme nous l'avons obſervé ci-devant. En ſuivant cette méthode, tout l'Etat profiteroit de ces arrangemens. Les Villes en ſeroient mieux ſubſtantées, & les Agriculteurs à qui il en reviendroit un double profit, ſe ſentiroient encouragés de plus en plus à élever une plus grande quantité de bétail, dont la conſommation ſeroit ſûre & ne manqueroit jamais de ſe faire, puiſque les prix ſeroient réglés ſur un taux proportionné aux autres denrées. De-là il réſulteroit une augmentation de commerce très-conſidérable, à cauſe des laines, des cuirs & des graiſſes de ces animaux, qui ſont ſi néceſſaires pour nos Arts & nos Manufactures. Le peu de dépenſe qu'il en coûteroit pour la nourriture donneroit aux Bourgeois, Artiſans & autres l'aiſance de pouvoir ſe ſatisfaire à l'égard des marchandiſes de ſimple luxe; par-là le Commerce en augmenteroit beaucoup. Il ſe préſente à ce ſujet une difficulté, qui eſt qu'on ne feroit gueres de crédit qu'à des perſonnes bien ſûres, ou qui auroient des répondans;

dans; mais d'un côté la médiocrité du prix de la marchandise dédommageroit bien de cette légere incommodité, qui au-reste n'en est pas une pour le bas-peuple, puisque d'ordinaire ce n'est point à lui qu'on fait crédit; il n'y a que quelques Seigneurs, & en général beaucoup de Maisons fortes, à qui, en considérant les choses du premier coup d'œil, cet arrangement ne paroîtroit pas avantageux; cependant je ne vois pas quel sujet ils pourroient avoir de s'en plaindre; d'une part, le bon marché les dédommageroit; de l'autre le bénéfice qu'ils auroient eux-mêmes, comme membres de la Compagnie, dont les biens en fonds & les terres feroient le fonds de leurs Actions. En se faisant une fois connoître, il leur seroit facile d'obtenir du crédit, proportionnément à la portion qui peut leur revenir dans le profit, & alors leurs Billets passeroient à la Caisse générale, comme une quittance d'argent avancé sur leur part dans le bénéfice. Ainsi tout pourroit aisément s'arranger à la satisfaction de tout le monde. Il ne reste plus qu'une objection qu'on peut nous faire, & à laquelle il faut répondre. Si ce projet étoit suivi, dira-t-on, que deviendroient plus de 2000 familles de Bouchers qui sont établis & dispersés dans tout le Royaume? La réponse est toute simple. Quand on introduisit l'Impriprimerie, que devinrent les Scribes qui gagnoient leur vie à transcrire les manuscrits; ils firent autre chose, ou vraisemblablement ils furent admis dans les Imprimeries; il en seroit de-même des Bouchers: s'ils ne trouvoient pas à embrasser un état qui leur fût plus convenable, la Compagnie pourroit les employer au détail de la viande, ou dans les tueries. Comme ce sont ordinairement des Artisans, leur état ne se trouveroit pas dégradé de beaucoup; ils n'auroient point d'avance à faire, mais seulement des comptes à rendre: ainsi je pense qu'ils ne seroient pas fort à plaindre; les deux liards de profit qu'on leur donneroit sur chaque livre de viande qu'ils détailleroient, leur fourniroit chaque jour un gain plus que suffisant pour les soutenir eux & leur famille; ainsi je ne vois pas qu'ils eussent tant à se récrier; au contraire leur profit journalier pourroit bien égaler, pour ne pas dire même surpasser celui qu'ils font actuellement, sur-tout si l'on y comprend tous les accidens & les risques auxquels leur commerce est exposé, & qui pour lors ne seroient plus à leur charge.

Comme les spéculations que nous venons d'offrir aux Lecteurs ne leur paroîtront peut-être pas suffisantes, entrons, pour les prouver, dans le détail de la viande qui se consomme à-peu-près dans Paris

Paris les jours gras. On compte dans cette Capitale à-peu-près un million d'habitans: or en ſuppoſant que chacun ne conſomme par jour qu'un quarteron de viande, la conſommation particuliere de Paris dans les jours gras ſera de 25000 livres de viande, & preſque moitié chaque jour maigre, évaluant le tout en bœuf, du poids de 700 livres de viande chacun, il faudra ſur ce pied 357 bœufs pour la nourriture d'un ſeul jour: or qu'il y ait dans Paris plus de 500 étails, on n'eſtime pas le nombre des Bouchers à plus de 300. Si donc chaque Boucher avoit un étail, & qu'il n'y en ait pas plus de 300 diſperſés dans les différens quartiers de Paris, & à la portée du peuple, ſelon la force plus ou moins grande de la conſommation, chaque Boucher ſe trouveroit avoir un bœuf au moins, ou, ce qui reviendroit au même, 700 livres de viande de boucherie, en bœuf, veau & mouton, à débiter tous les jours de l'année à chaque étail; car les 157 bœufs de ſurplus par jour gras, rempliroient ce qui s'en conſomme de moins dans les jours maigres; ainſi le nombre des Bouchers ſeroit fixé à celui des étails, & on ne permettroit pas l'augmentation, non plus que de celui des étails; les Bouchers auroient près de 17 livres 10 ſols de bénéfice par jour, ſans être obligés de faire aucunes avances, ni d'avoir de tuerie & de domestiques à eux, comme ils en ont actuellement; n'ayant point eux-mêmes de crédit plus long que d'une semaine, ils n'en feroient pas non plus à personne, si ce n'est à certaines personnes intéressées dans la Société, à qui l'on feroit crédit jusqu'à concurrence du revenu de leurs Actions, & dont les Billets seroient pris pour argent comptant; ainsi les Bouchers n'auroient point de pertes à faire, ni de dangers à courir. Les 4 livres sur chaque cent suffiroient pour suppléer au défaut des petits poids & au déchet: au reste ils iroient toutes les nuits se pourvoir de viande à la tuerie, afin de l'avoir toute fraîche, & ils n'en prendroient qu'à mesure qu'ils la débiteroient; de-même qu'à la tuerie, on n'en prépareroit qu'à mesure qu'on viendroit la chercher. Il est facile de voir par cet exposé, que le commerce que feroient alors les Maîtres-bouchers, leur seroit aussi avantageux que celui qu'ils font actuellement, & que même ils n'auroient pas les mêmes risques à courir. S'ils faisoient leur vente à l'étail par eux-mêmes, ou par leurs femmes & leurs enfans, ils auroient tout le profit pour eux. Il y en a beaucoup qui le font à présent, pourquoi ne le feroient-ils pas alors? Pour mieux faciliter la distribution de la viande, il y auroit en différens

rens endroits de Paris trois tueries, mais dans des lieux où la mauvaise odeur des voiries ne pourroit causer aucune corruption. D'après ce plan, il y auroit 100 étails affectés à chaque tuerie; la moitié de ces étails seroit destinée pour la basse viande, & on n'y vendroit que de la vache & de la brebis pour le petit peuple; mais comme il n'y entreroit point de mouton, & presque point de veau, on peut compte que la quantité de la viande basse seroit aussi considérable que celle de la prime.

A chaque tuerie on placeroit plusieurs Maîtres-bouchers, qui seroient chargés du détail de la tuerie, & à qui l'on donneroit un certain nombre de bœufs, & à proportion des veaux, vaches & moutons, & que l'on payeroit à raison de 5 livres pour chaque 700 livres pesant de viande qu'ils auroient tué; c'est dans ces tueries que l'on feroit la distinction des viandes de prime & de seconde, en présence d'un Inspecteur & Controlleur, qui tiendroient un état exact de toutes ces choses, ainsi que de la livraison de la viande aux Bouchers de détail. Il y auroit pareillement pour chaque tuerie un Trésorier-receveur, qui feroit chaque semaine la recette de ce que chaque Boucher apporteroit en argent pour son contingent du débit. Les Maîtres-bouchers

chers qui seront employés dans les tueries, seront au nombre de dix dans chacune, & auront environ 700000 livres pesant de viande à tuer chaque jour, ce qui leur vaudra environ 50 livres de profit, sur lequel ils pourront bien sans être lésés, payer cinq ou six garçons qui seront occupés à tuer, préparer & dépécer toutes ces viandes; les cuirs, les graisses, les abbatis seroient distribués à diverses personnes, dont l'unique emploi seroit d'en prendre le soin; & il y auroit des magasins destinés à cet usage, ainsi que des lieux pour le nettoyement des autres, &c. Tous ces détails, quoique grands, ne sont pas si embarrassans qu'on pourroit se l'imaginer, parce qu'il y auroit des personnes commises pour chacune de ces fonctions, & à d'autres encore, qui exigeroient des détails plus particuliers, mais qui ne doivent pas trouver place dans ces Mémoires, où nous nous contenterons de donner une idée générale du projet.

Le nombre des Bouchers seroit donc fixé à 330, sçavoir, 150 pour le détail de la viande prime, 150 pour celui de la basse viande, & 30 pour les tueries; on créeroit ces Maîtrises en charges ou places que les Bouchers achetteroient à des prix differens; celles des tueries se vendroient, par exemple, 5000 livres; celles des étails de viande prime me 3000 livres; & celle des étails en basse viande ne seront taxées qu'à 2000 livres; & le Roi recevroit cette finance ou ce capital: ces places, au moyen de ce capital, seroient héréditaires, & pourroient se vendre ou se louer, comme sont actuellement les charges de Maîtres-perruquiers.

Les Bouchers qui ne sont pas reçus Maîtres à Paris & établis dans la Ville, payeroient ces charges le double des autres, de-même que ceux qui ne seroient point enfans de Maîtres. Cette regle seroit pour favoriser dans chaque Ville les Maîtres, ainsi que leurs enfans. Il est démontré que la premiere finance de la vente de ces charges produiroient au Roi 900000 livres, sçavoir, les trente charges de Bouchers des tueries, à raison de 5000 livres chacune, donneront 150000 livres. Les 150 d'étaliers de la viande prime, à 3000 livres chacune, donneroient 450000 livres; & enfin les 150 du détail de la basse viande, à raison de 2000 livres chaque, produiroient encore 300000 livres. Ces trois sommes ensemble font bien 900000 livres. Il y auroit outre cela au coin des rues des Marchandes de tripes, qui seroient aussi érigées en charges, & à qui l'on pourroit faire payer une somme de 300 livres pour premiere finance: comme le nombre en est fort grand, il pourroit

roit être de 4 à 500, qui donneroient près de 150000 livres; ainsi voilà pour Paris seul une finance d'un million 500000 livres. A l'égard des Villes de Province, & de la Campagne, le nombre de ces charges seroit fixé à proportion du plus ou moins de consommation qui se fait; desorte que si Paris qui consommera environ 357 bœufs par jour, donne pour le prix des charges un million 50000 livres, le reste du Royaume qui consomme environ 7000 bœufs, doit donner au moins 19 millions 85000 livres: on peut donc estimer que le Roi, en érigeant en charges toutes les Maîtrises de Bouchers, & les Marchandes de tripes, qui sont dans le Royaume, en y mettant la fixation qu'on vient d'y voir, retireroit tout d'un coup une finance d'environ 21 millions. Or comme ces charges seroient perpétuelles & héréditaires, il n'y a point de Boucher qui ne fût charmé d'en acquérir: car leur état seroit alors un capital, qu'ils pourroient regarder comme un fonds très-avantageux, duquel ils retireroient un bon bénéfice, soit en les exerçant par eux-mêmes, soit en les louant, ou même en les vendant; car il n'est pas douteux que par la suite elles ne valussent bien davantage, à mesure que le Royaume deviendroit plus peuplé; la consommation augmenteroit en proportion, & par conséquent

séquent le revenu des charges augmenteroit dans la même proportion, ce qui seroit un grand bien pour les premiers qui auroient acheté ces charges. Le Commerce de la viande trouveroit dans l'exécution de ce projet une sûreté qu'il ne peut avoir sans cela; car la valeur de la charge répondroit des marchandises que la Compagnie confieroit à ces Bouchers, & l'hypotheque de la Compagnie seroit privilégiée à toute autre. C'est pourquoi les charges seroient d'abord vendues sur le pied que je les fixe, parce qu'elles répondroient précisément de la viande qu'on pourroit leur avoir livrée pendant l'espace de deux semaines, c'est une sûreté qui donne de la confiance dans le Commerce: au reste une charge qui, en l'exerçant soi-même, produiroit 5 à 6000 livres de revenu, peut bien supporter une finance de 3000 livres; car ces charges pourroient se louer au moins 3000 livres par an, ce qui seroit 100 pour 100 de la premiere finance; si l'on n'a pas fixé le prix plus haut, c'est en considération que les Maîtres-bouchers ont déjà payé leurs Maîtrises fort cher; & c'est par cette raison qu'on a dit que ceux qui voudroient acheter de ces charges sans avoir eu précédemment la qualité de Maîtres-bouchers, payeroient une finance double; de maniere que les Bouchers déjà éta-

établis, ne perdront rien au changement; au-contraire ils pourroient se flatter d'avoir un état & une fortune bien plus certaine, & moins exposée aux hazards & aux caprices du Sort.

Il me reste à faire observer à mes Lecteurs, que la défense de faire crédit aux gens qui n'auroient aucun intérêt dans cette entreprise, est plus à l'avantage du Public & du Commerce qu'on ne pense. La trop grande facilité qu'ont certaines gens à trouver à emprunter, est souvent la cause de leur ruine. Les Marchands sont si bien qu'ils y voient un profit apparent en leur vendant fort cher de mauvaises marchandises, qu'ils font quelquefois racheter argent comptant, & à vil prix, par des Agens secrets, desorte que la marchandise ne sort pas même de la boutique: tels sont les moyens dont ils se servent pour ruiner des enfans de famille: les Loix & les Magistrats défendent bien de pareilles manœuvres; on a même des exemples de Marchands, qui ayant été convaincus de ce commerce, ont été condamnés comme usuriers; mais on ne laisse pas de le faire encore au mépris des Loix & des Magistrats. On connoît les dispositions séveres des Loix; mais la difficulté qu'il y a de convaincre les coupables, l'avidité du gain & l'espoir presque certain de n'être point découvert, font que des gens

gens passent par-dessus tous les inconvéniens. Si cette facilité d'emprunter pour des étoffes & autres marchandises, est préjudiciable au Public, comme le simple exposé suffit pour le démontrer; on doit pareillement penser que le crédit qu'on fait des choses qui sont nécessaires à la vie, est aussi contraire au bien & à l'ordre de la Société: car tant que des gens peu rangés dans leurs affaires auront la commodité de trouver du crédit chez le Boulanger, le Boucher & le Marchand de vin, ils emploiront leur argent à d'autres usages à mesure qu'ils le recevront, & ils ne s'empresseront gueres à payer ces choses urgentes; d'où il arrive que les Marchands qui leur auront prêté leurs denrées, seront obligés de faire contre eux des poursuites en Justice, & des frais qui sont toujours en pure perte pour le créancier ou pour le débiteur, & souvent pour l'un & pour l'autre; en un mot, des frais qui retombent sur le Commerce qui en souffre davantage: il faut bien que ce Boucher, ce Boulanger & Marchand de vin, pour se dédommager des pertes qu'il a faites, vende sa marchandise un peu plus cher qu'il ne feroit à ceux qui le payent comptant, & qu'en courant visiblement des risques à prêter, il se défasse de tout ce qu'il aura de plus mauvais, & le fasse payer au prix du meilleur. Tout cela cause certainement du retard dans la vente & dans la consommation, puisque cet excédent que l'on fait payer au-delà de la juste valeur, rebute ceux qui n'achettent que par goût, & non par nécessité. Or le nombre de ceux-ci est fort considérable: parmi les gens que le besoin des marchandises oblige d'en faire l'emplette, la cherté fait prendre à beaucoup le parti d'épargner la dépense, en faisant choix des marchandises de moindre qualité; desorte qu'à bien considérer la chose, cet usage influe sur le Commerce, & retarde à coup sûr la consommation. Il y a plus encore: non seulement la facilité de faire des dettes occasionne un dérangement dans les affaires de bien des gens, qui par-là se mettent à l'étroit pour le reste de leurs jours; mais il s'en trouve souvent dans le nombre qui se ruinent totalement par ces emprunts multipliés, au point qu'ils en deviennent insolvables; alors il faut que le Marchand perde, & quelquefois qu'il fasse banqueroute lui-même. Les prisons ne sont remplies que de ces personnes qui ont mangé leur bien & celui des Marchands, ou des Marchands qui sont eux-mêmes dans la captivité pour avoir été trop faciles à faire des crédits, & qui seroient en état de faire face à leurs affaires, s'ils étoient payés de la dixieme partie de ce ce qui leur eſt dû: voilà les effets funeſtes que cauſe le crédit; il ruine la plupart de ceux qui le reçoivent, ſans trop examiner s'ils ſeront en état de s'acquitter, & en même tems les Marchands qui le font trop légérement, par pure avidité de gagner. Ce déſordre eſt en partie la cauſe de la dépravation dans les mœurs: en effet, dès qu'une perſonne qui eſt un peu diſſipée, eſt portée d'inclination à la dépenſe, trouvera de toutes parts des facilités qui lui offrent les moyens de ſatisfaire ſes paſſions, il eſt à croire qu'elle s'y livrera toute entiere ſans réfléchir ou ſans en ſentir d'abord les conſéquences; en peu de tems on ſe voit réduit à rien, preſque ſans s'en en être apperçu; & l'on eſt obligé de faire mille actions indignes, pour ſoutenir un train de vie que l'on a commencé, & qu'une ſotte vanité empêche de quitter. C'eſt ainſi qu'acheve de ſe perdre un ſujet qui peut-être eût été de quelque utilité dans l'Etat ſans ce défaut, & qui par-là devient pour le moins un citoyen inutile, & quelquefois dangereux pour le repos des autres, par les ſuites fâcheuſes où ſa mauvaiſe conduite peut l'entraîner: telles ſont les conſéquences des crédits que font les Marchands; tels ſont les abus qui réſultent le plus ſouvent d'une choſe qui pourroit être bonne, s'il étoit poſſible de la conduire avec toutes les regles de la prudence. Les Bouchers ſont actuellement plus que perſonne dans le cas de ſuivre cet uſage. Ils prêtent aux Gens de condition, aux Bourgeois, en un mot à tous ceux qui ont apparence d'un certain état, avec une facilité prodigieuſe; & dans le grand nombre il s'en trouve toujours beaucoup qui ne les payent jamais, & leur cauſent des pertes qu'ils ne réparent qu'en vendant leur marchandiſe fort cher, comme nous l'avons déjà prouvé. Quoique la viande, le pain & le vin ſoient des denrées de premiere néceſſité, & dont on ne peut abſolument ſe paſſer pour vivre, je ne vois rien qui empêche qu'on n'en refuſe à ceux qui n'ont point d'argent pour les payer. Dès qu'une fois tout le monde ſera inſtruit que le crédit ſera ſupprimé, chacun s'arrangera en conſéquence, comme on fait pour les emplettes du ſel & de quantité d'autres choſes pour leſquelles il n'y a point de crédit. Cette regle apprendra aux gens portés à la diſſipation, à être plus réſervés ſur le préſent, & à conſerver quelque choſe pour l'avenir; c'eſt à quoi la plupart des gens ne penſent pas lorſqu'ils s'attendent aux facilités qu'ils ont de faire des dettes. Mais, me dira-t-on, en attaquant les crédits, vous ruinerez le Commerce, & vous ferez plus de mal que de bien. A

Dieu

Dieu ne plaiſe que tout ce que j'ai dit ci-deſſus ſoit appliqué au Commerce; je ſçais qu'il ne ſe ſoutient par-tout que par le crédit & la confiance, & que ce ſeroit le ruiner de fond en comble, que de retrancher les crédits qui ſe font entre Marchands, pour raiſon des marchandiſes de leurs négoces reſpectifs. Je n'ai prétendu parler que de celui qui ſe fait de Marchand à particulier; & je ſoutiens que mes raiſons ſont ſans replique, quand même il y auroit quelque inconvénient à la regle que j'établis: ce ne ſeroit pas une raiſon ſuffiſante pour ne la pas recevoir. Il ſuffit en général que la ſuppreſſion du crédit dont je parle, ſoit à l'avantage du Commerce & du Public. Je crois avoir ſuffiſamment prouvé que le Commerce y gagneroit; mais je dis de plus que le Public n'a pas lieu de s'en plaindre: car 1. les Pauvres ne ſont gueres dans le cas qu'on leur faſſe crédit, & ſans l'établiſſement de ma regle on ne leur en fait point. 2. Il n'y a donc que les Seigneurs & les gens riches qu'elle pourroit choquer, mais ce ſeroit bien mal-à-propos; car ou ils ſont riches en fonds de terre, & par conſéquent comme membres de la Compagnie ils ſont intéreſſés dans les bénéfices qu'elle peut faire; ou ils ſont riches en argent, & en effet commerçables: ces derniers n'ont pas beſoin de crédit, parce ce qu'ils ont l'argent en abondance; à l'égard des Seigneurs, comme on sçaura quel est le fond de leur intérêt dans la Société, on ne fera point de difficulté de leur avancer des denrées jusqu'à concurrence du revenant-bon annuel qu'ils ont lieu d'attendre dans les profits de la Compagnie, & leurs Billets seront passés en compte comme argent comptant, lors du partage des bénéfices; ils y trouveront même un avantage qu'ils n'ont point à présent en prenant à crédit: outre qu'on ne leur fera point payer le crédit, comme font d'ordinaire les Marchands, ils auront l'agrément d'avoir de la viande & beaucoup d'autres choses nécessaires à la vie, sans avoir aucune inquiétude pour les payer. Cette nouvelle méthode d'encourager l'Agriculture dans le Royaume par un Commerce sûr, qui facilitera la consommation des denrées, sera en même tems un moyen d'augmenter considérablement la valeur des biens en fonds de terre; ensorte que tous ceux qui ont des possessions en fonds de terre, verront croître leur revenu à vue d'œil. Ces avantages sont d'une conséquence si essentielle, que je n'entrevois rien qui puisse empêcher que tout le monde ne desire l'établissement de notre Compagnie, si ce n'est les Bouchers, les Boulangers, les Marchands de vin, & autres Marchands de denrées; mais fau-

faudra-t-il pour l'obstination de quelques particuliers qui tiennent tout actuellement dans leur main, & qui font la loi au Public, que tout le Royaume souffre & ne puisse pas jouir du bénéfice que présente une telle invention? Cela me paroît directement contraire aux Loix du Gouvernement: quand le Prince a accordé des privileges à ces Communautés, il n'a eu en vue que l'intérêt public, & ne s'est point ôté la liberté d'y changer, ajouter ou retrancher, lorsque ce même intérêt le demanderoit. Si donc il apperçoit maintenant que ces privileges accordés aux Communautés d'Artisans, soient devenus contraires au bien général de la Société, le Roi a assurément autant de pouvoir de les supprimer, qu'il en a eu anciennement pour les établir; mais de la maniere dont je propose les choses, c'est-à-dire, en remplaçant tous ceux qu'on rend inutiles par les suppressions qu'on est obligé de faire, tous ces Maîtres n'auront plus rien à dire: quand le Public aura digéré toutes les parties de ce projet & les objets qui occuperont l'attention de la Compagnie, il trouvera sans-doute que rien n'est plus propre à faire valoir toutes nos facultés, que le systême général d'Agriculture & de Commerce que je propose.

ARTICLE XXII.

Des Maîtrises des Marchands de vin & des Boulangers.

NOus avons prouvé la nécessité qu'il y avoit que les places des Marchands-bouchers & étaliers fussent des charges fixes & perpétuelles; les mêmes raisons subsistent pour ériger aussi en charge les places de Marchands de vin & de Boulangers dans tout le Royaume. Ces raisons sont, 1, afin d'en fixer la quantité à celle qu'il faut pour le service du Public; 2. afin que ces charges étant réglées suivant la consommation & la force du commerce de chaque endroit, les Maîtres puissent trouver leur avantage à les exercer sans être nuisibles au Public; 3. enfin la Compagnie qui leur fera les premieres avances, trouvera par ce moyen ses intérêts. Si l'on consulte tous les états en général, je ne crois pas qu'il se trouve personne qui s'oppose à ce projet: s'il étoit mis à exécution, on verroit dans le Commerce des denrées régner un ordre qui n'y est pas, & il supprimeroit une infinité d'abus qui y régnent; il faudroit en même tems laisser aux Marchands la liberté

berté d'acheter & de vendre pour leur compte, s'ils n'aimoient mieux se servir des denrées & marchandises que la Compagnie leur donneroit à débiter pour le sien. Cette alternative feroit un effet admirable vis-à-vis du Public, & lui prouveroit que cette regle est uniquement pour son avantage; car s'il y avoit effectivement un intérêt trop grand pour la Compagnie, ces Maîtres-boulangers useroient de la liberté de faire du pain, & de le vendre pour leur propre compte, parce qu'ils y trouveroient plus de profit; mais ne le faisant pas, le Public en concluероit avec raison, que le systême que je propose, & que la Compagnie suivroit, est favorable à la Société & à l'Etat. Il en seroit de-même à l'égard du Commerce de vin: il seroit permis à quiconque voudroit s'établir Marchand de vin, d'en acheter à la Compagnie ou ailleurs, & de le vendre pour son compte, en payant néanmoins au Roi les droits accoutumés, & qui ne seroient pas les mêmes pour la Compagnie, comme on l'a déjà dit, en considération du cinquieme qu'elle donneroit au Roi, dans la totalité des bénéfices: mais par les suppositions précédentes, il est visible que les Marchands de vin, ainsi que les Boulangers, qui voudroient faire un commerce indépendant de la Compagnie, ne le pourroient

 pas

pas faire, ſans courir le riſque de ſe miner entiérement en peu de tems; deſorte qu'ils ſeroient obligés de céder le commerce à ceux qui auroient acquis les charges. Ainſi il ſeroit plus que ſuffiſamment prouvé que notre ſyſtême eſt avantageux pour tout le monde en général. Entrons dans le détail pour le prouver plus amplement à mes Lecteurs; nous prendrons toujours Paris pour exemple, comme étant la Ville où toutes les marchandiſes ſont les plus cheres, & le luxe porté au plus haut degré.

ARTICLE XXIII.

Calcul polititque ſur le Commerce du Pain & du Vin qui ſe conſomment journellement dans le Royaume, & ſur-tout à Paris, avec les proportions relatives qu'il doit y avoir dans le nombre des Marchands de vin & des Boulangers débitans, pour fourniture à cette conſommation.

NOus avons toujours eſtimé qu'il y a dans la Ville & fauxbourgs de Paris environ un million d'habitans. Si le vin ordinaire que l'on vend aux Bourgeois, après avoir payé tous les droits,

droits, ne vaut que 3 sols 6 deniers la bouteille, il n'est pas douteux que le peuple de cette Ville n'en consomme au moins le double de ce qu'il consomme actuellement; parce que le prix est plus analogue à celui des alimens, qu'il ne l'est maintenant: or comme nous avons estimé à-peu-près que la consommation actuelle pouvoit être évaluée à un demi-septier par personne chaque jour, nous pouvons à présent l'estimer, du fort au foible, tant pour le pauvre que pour le riche, à une chopine. Ce n'est pas trop, dès que cette chopine de vin ne vaudra pas plus dans cette Ville qu'une livre de pain. Je suis persuadé qu'il y aura peu de personnes qui ne boivent du vin. Ce n'est pas porter l'estimation trop haut, que de présumer que la consommation journaliere sera d'environ une chopine par personne, ce qui fera 500000 bouteilles par jour pour la boisson de tout Paris. Comme les personnes aisées & riches aiment à avoir leur vin en cave, j'estime que cette quantité peut aller à deux cinquiemes; ainsi il restera encore 300000 bouteilles que les Cabaretiers pourront débiter tous les jours au Public, ou, ce qui revient au même, 1000 muids. De plus, comme le petit peuple, de-même que beaucoup de Bourgeois, préferent d'aller au cabaret boire le vin, plutôt que de l'envoyer

voyer chercher bouteille à bouteille, pour le boire chez eux, j'estime encore qu'il y aura 200000 bouteilles, au moins par jour, qui se boiront au Cabaret, & 100000 bouteilles qui se débiteront en bouteilles, pour être portées & bues chez le particulier. Tous ces détails sont nécessaires pour établir nos calculs de supposition. Bien des gens disent que le nombre des cabarets dans Paris & ses fauxbourgs, est très-considérable; on reçoit tous les jours tant de nouveaux Maîtres, & il y en a tant qui quittent le commerce, parce qu'ils n'y font pas bien leur compte, qu'on ne peut gueres en sçavoir au juste la quantité; cependant on en compte jusqu'à trois mille dans le tems présent; aussi est-ce la cause que, malgré leur industrie pour tirer tout le parti possible de ce commerce, il y en a beaucoup qui s'y ruinent, & que le Public boit le vin mauvais, travaillé & fort cher; abus qui sont également contraires à la santé des peuples, à la consommation & à la culture des vignes: ainsi la Compagnie que nous venons de proposer, prendroit connoissance de tous ces détails; & je suis presque certain qu'elle régleroit & fixeroit dans tous les tems le nombre des Marchands de vin pour Paris, à mille tout au plus, qui seroit un nombre assez proportionné à la plus forte consommation que

que j'ai ſuppoſée ; & cela, afin que chaque Marchand de vin, l'un portant l'autre, ait au moins un muid de vin à débiter chaque jour ; & ſuivant cette proportion qui me paroît aſſez juſte, ſi la Compagnie qui feroit débiter par les Marchands de vin même, que nous venons de fixer à mille, environ 300 bouteilles de vin par jour, leur accordoit ſur le prix du vin qu'ils débiteroient hors du cabaret, 15 pour 100, & 30 ſur celui qu'ils vendroient chez eux, à cauſe de l'embarras. Il eſt certain que le Marchand, en ne vendant que du vin ordinaire, à 3 ſols 6 deniers la bouteille, pris au magaſin de la Compagnie, retireroit un bénéfice bien plus conſidérable qu'il ne fait actuellement, malgré tout l'art qu'il emploie ; car il recevroit 6 deniers par bouteille de vin vendues hors de ſon cabaret, & un ſol en dedans ; par cette ſupputation de 200 bouteilles par jour bues au cabaret, il auroit pour ſon détail 10 livres, & pour les 100 bouteilles bues dehors il auroit 2 livres 10 ſols, ce qui fait en tout 12 livres 10 ſols ; mais comme la Compagnie auroit de trois ſortes de vins différens, ſçavoir, à 3 ſols 6 deniers, à 5 & à 8 ſols la bouteille, pris au magaſin, cela feroit, ſuivant notre ſuppoſition, pour le premier, 4 ſols 6 deniers, vendu au cabaret ; pour le ſecond, 6 ſols 6 de-

6 deniers; & pour le troisieme, 10 sols 6 deniers la bouteille: le tarif seroit dressé de la sorte, & le Public s'y conformeroit sans appréhender d'être trompé; car il y auroit des Inspecteurs pour visiter & veiller à ce que les Marchands de vin ne fissent point de mélanges, & peut-être n'entreprissent point de le falsifier; de maniere que les attentions que la Compagnie apporteroit pour faire observer les regles exactement, donneroit au Public une confiance entiere dans la marchandise de vin qui viendroit du commerce de la Compagnie; car elle n'auroit pas la même inspection sur les Marchands qui s'établiroient sans charge, comme il est d'usage maintenant, afin de laisser toute liberté à quiconque croiroit pouvoir mieux faire. Cependant il est aisé de voir que rien ne seroit mieux imaginé, ni plus à l'avantage du Public & du Commerce; car les Marchands en charge qui débiteroient le vin de la Compagnie, pourroient se faire au moins chaque année un revenu qui ne seroit gueres casuel, & qui monteroit à 4560 livres, sans compter le surplus qu'ils pourroient encore faire sur les vins de la seconde & de la troisieme classe, surplus de profit qui pourroit acquitter les frais domestiques qu'un Marchand de vin seroit obligé de faire pour favoriser le débit: ainsi je crois que

que ce Commerce en iroit infiniment mieux pour les Marchands, & pour les Consommateurs: car dès qu'il n'en coûteroit que 6 deniers de plus par bouteille de vin commun pour l'aller chercher chez les Cabaretiers, bien des gens qui ne sont pas trop en état de faire des provisions, préféreroient cette commodité à celle d'avoir du vin en cave; ainsi il y a tout lieu de croire que les Marchands de vin en débiteroient beaucoup plus que nous n'avons dit. Pareillement, pour 6 deniers par bouteille qu'il en coûteroit pour le boire au cabaret, tous les gens qui traitent d'affaires, & qui font des marchés, préféreroient d'y aller, plutôt que de faire venir le vin chez eux, où ils sont obsédés par leur famille, & n'ont pas la même liberté; de maniere qu'à cet égard tout demeureroit à-peu-près dans le même usage où l'on est actuellement. Le Public ne seroit pas plus gêné qu'il ne l'est actuellement; & il auroit le vin à Paris à moitié meilleur marché, & toujours du vin vieux d'un ou de deux ans au moins, de bonne qualité, bien naturel & sans fraude. Un pareil avantage doit sans-doute attirer l'attention du Ministere sur ce projet, & principalement en ce que toutes ces charges, au nombre de mille, soient vendues au profit du Roi, & sur le pied de 2000 livres chacune, qui est à-peu-à-peu-près la valeur de la moitié du gain que peut faire un Marchand de vin dans son commerce, & en même tems proportionné en quelque sorte à la valeur du vin que la Compagnie avanceroit au Marchand pour son débit d'un mois; car il doit tous les mois, & à mesure du débit au magasin de la Compagnie, chercher les vins qu'il lui faudroit, en rapportant, ainsi que de raison, le prix de ceux qu'il auroit débités pendant le mois. De cette maniere, la charge répondroit envers la Compagnie, du vin qu'elle confieroit aux Marchands en charge, ce qui rendroit le Commerce plus sûr qu'il ne l'est: car le Marchand de vin feroit comme le Boucher; il ne seroit plus dans le cas de faire crédit qu'à ceux qui seroient membres de la Compagnie: tout en iroit beaucoup mieux pour les uns & pour les autres, & le Roi qui toucheroit la finance de ces charges, trouveroit à coup sûr la somme de deux millions pour le prix des charges qui seroient vendues pour Paris; mais comme les mêmes regles seroient observées dans les Villes de Province & dans les Campagnes, suivant la supposition que Paris contient un million d'habitans, on peut établir ainsi le calcul. Si Paris donne deux millions, le Roi pourra en retirer près de 40, pour la seule vente des charges de Marchand

de

de vin de tout le Royaume; comme le vin seroit par-tout, à peu de chose près, au même prix qu'à Paris, afin de favoriser davantage la culture des vignes, en procurant aux Vignerons une vente convenable, & que d'ailleurs les vins que la Compagne feroit vendre dans ces cabarets, seroient supérieurs en qualité aux vins nouveaux & aux vins bourgeois, il est certain que les Marchands de vin auroient, à proportion, autant de vogue par-tout qu'à Paris, dès qu'on n'en permettroit qu'un nombre suffisant pour la consommation; c'est ce qui seroit réglé par la Compagnie d'Agriculture. Tous ces points de vue politiques tendent visiblement au bien général des citoyens; car en fixant le nombre des charges, on n'emploiroit dans cette vacation que le nombre nécessaire de personnes pour le service du Public, & ceux qui y sont actuellement de trop, prendroient le parti des Arts ou de l'Agriculture. On peut objecter ici qu'il y a trois mille familles de Marchands de vin dans Paris, & des garçons à proportion, pour le service des cabarets. Si vous réduisez ce nombre au tiers, dira-t-on, par la création de mille charges seulement dans Paris, que deviendront les deux autres tiers, qui se trouveront alors sans emploi, & qui n'ont jamais eu d'autres talens. Il eſt facile de répondre à cette objection. Il en ſera de ces charges, comme de celles que j'ai propoſées pour les Bouchers. Il n'y aura que les Maîtres, ou ceux qui ont été reçus à cette qualité dans la Communauté ſeulement, qui auront droit d'acheter de ces charges ; ceux au-contraire qui n'auront point de qualité, les payeront au double, & même ne pourront les acheter que ſix mois après la publication de l'Edit de création, afin que les Maîtres privilégiés ayent le tems de s'en pourvoir, s'ils le veulent. Il en ſera de-même des petites Villes & des Campagnes, où les Marchands de vin & Cabaretiers n'ont point de qualité ; les charges qu'on aura créées pour ces endroits, ſeront délivrées à des Marchands de vin qui ont qualité, par préférence à tous autres ; deſorte que la trop grande quantité qui s'en trouve dans les Villes où il y a des Maîtriſes déjà établies, ſe répandra dans les petites Villes, dans les Campagnes, & ſur les routes ; & ceux qui habitent les Campagnes qui tiennent à tout, à l'Agriculture & au Commerce, n'auront plus qu'un pas à faire pour rentrer dans leur premier état ; qui ne ſeroit pas indifférent, au moyen des avantages qu'on verroit la Compagnie y apporter, par les améliorations générales des terres : ainſi tout reprendroit l'ordre

dre qu'il ſemble que la Nature ait marqué, en proportionnant chaque choſe à ſon objet, vis-à-vis de la Société. Je crois donc avoir ſuffiſamment répondu à l'objection, & que ces familles qui ſembloient être à plaindre, auroient un ſort à-peu-près auſſi agréable que ceux qui pourroient conſerver des charges dans de grandes Villes; car ſi dans les petites Villes & dans les Campagnes les gains ne ſont pas ſi forts qu'à Paris, les dépenſes pour la nourriture, le logement, les vêtemens, les gages des domeſtiques, & l'entretien du luxe y ſont auſſi beaucoup moindres & proportionnées, de maniere que 1000 livres de profit dans une petite Ville, eſt à proportion auſſi ſuffiſant pour l'entretien de la famille du Marchand de vin, que le ſeroit 4000 livres à Paris, & ainſi du reſte; tout ſeroit relatif au bien, au commerce & aux débourſés de la premiere finance, & tout le monde y trouveroit ſon avantage. Nous allons maintenant examiner l'article de la Boulangerie, & faire voir que ces trois profeſſions, ſçavoir, celle du Boucher, du Marchand de vin & du Boulanger, qui exploitent & vendent les denrées de premiere néceſſité, devenant dépendantes de la Compagnie, & étant érigées en charge, ne contribueroient pas

 peu

peu à l'amélioration du Commerce & de l'Agriculture dans le Royaume.

ARTICLE XXIV.

Des Maîtrises des Boulangers ou Marchands de pain, réduits en charge.

LEs Boulangers sont des Marchands qui intéressent encore plus la Société, que les autres professions qui ont rapport à la bouche; parce que le pain est pour le peuple une marchandise de premiere nécessité: en supposant que la Compagnie d'Agriculture aura dans toutes les Villes du Royaume & les chefs-lieux des subdélégations, des Fabriques de pain pour le faire vendre & distribuer en général dans tous les marchés, comme nous l'avons dit précédemment, on créeroit des charges de Marchands de pain & de Boulangers fabriquans, à qui elle livreroit la farine toute prête & le bois; les Boulangers donneroient le pain tout fabriqué, suivant le poids & les qualités des farines, & ils auroient pour leur façon une certaine somme réglée, suivant une certaine pesanteur de pain, qui seroit de 240 livres, équivalent à-peu près à ce qu'un septier de bled peut rendre de pain: ce prix

prix sera évalué à 20 sols par septier, ou 240 livres pesant, pour le pain commun ou bis-blanc, à 25 sols pour le pain de place, à 30 sols pour le pain fin, & à 35 sols pour les petits pains mollets. Il faut considérer que ce seroit la Compagnie qui feroit la dépense des fours, des logemens, des magasins, & le Boulanger ne fourniroit que les ustensiles nécessaires à la fabrique du pain, lesquels seroient à ses dépens. Chaque Maître-boulanger pourroit entretenir dix fours, mais pas davantage, & chaque four seroit assez grand pour cuire à la fois un septier de bled: comme il est bien possible que deux mitrons puissent préparer quatre septiers de bled en pain, ou, ce qui revient au même, 960 livres pesant de pain par jour, cela feroit au plus fort de fabrique 9600 livres de pain par jour pour chaque Maître-boulanger; ayant la conduite de dix fours, il trouveroit des mitrons à très-bon marché, & qui ne lui coûteroient gueres plus de 20 sols par jour, tant pour nourriture que pour gages; cela feroit 40 sols de dépense pour le Maître-boulanger, & autant de profit pour lui chaque jour; il y auroit dans chaque Fabrique un Commis, un Contrôleur, un Inspecteur & un Trésorier, qui tiendroient un état de toutes les livraisons de farine, de pain, & de la recette que les Marchands apporteroient; & afin que le Public fût bien servi, il feroit libre aux Marchands de pain de le prendre à telle Fabrique & à tel Maître-boulanger qu'ils jugeroient le plus à propos; comme le débit du pain dépendroit de sa qualité, & que le Public auroit le choix de l'acheter à tel Marchand qu'il voudroit, cela obligeroit les Marchands débitans à faire choix des Maîtres-boulangers fabriquans qui feroient le pain meilleur, d'où il arriveroit que nul n'oseroit faire aucune fraude: au surplus, la Compagnie nommeroit d'office, chaque année, un Commissaire, Inspecteur général, qui veilleroit à ce que tous les Boulangers ne fissent point de malversation; & en cas qu'il s'en trouvât quelqu'une dans le pain, le Maître-boulanger seroit condamné à l'amende, & le pain confisqué à son préjudice: le pain seroit taxé réguliérement tous les mois, suivant le tarif & les prix que les grains vaudroient dans les Marchés les plus voisins; de-sorte qu'il verroit lui-même l'exactitude avec laquelle le tout seroit conduit.

Nous avons estimé la finance des charges de Bouchers, & celle des Marchands de vin, à environ moitié de ce qu'elles produisent tous les ans aux Maîtres. Nous mettrons pareillement celle-ci au même taux: or, comme elles pourront communément rapporter aux Maîtres-bou-

boulangers 30 livres de bénéfice par jour, ou par année 10950 livres, nous les taxerons à 6000 livres de finance, pour la raiſon que nous avons diſtrait les frais de Fabrique, que nous n'avons pas compris le ſurplus des prix que nous avons réglés pour la Fabrique des pains plus fins. Cette finance appartiendra au Roi, & la charge répondra des actions du Fabriquant. Chaque Maiſon de fabrique dans toutes les grandes Villes, ſera composée de cent fours; & il y aura dix Maîtres-boulangers, un bureau de recette, un magaſin à farine, des logemens pour les Commis, pour l'Inſpecteur & le Contrôleur. Il n'y aura qu'une ſeule entrée, & la Compagnie y tiendra un Suiſſe. Tous les logemens des Maîtres-fabriquans, de leur famille & de leurs ouvriers, ſeront compris & renfermés dans l'enceinte des bâtimens de la Fabrique, ſuivant ce plan, qui, comme on voit, eſt fort ſimple. Il y aura dans Paris treize Maiſons de fabrique, qui, à raiſon de dix Maîtres en charge, chacune, contiendront cent trente Maîtres-boulangers fabriquans. Or cent trente charges, à 6000 livres de finance chacune, font 780000 livres que le Roi aura à toucher, pour raiſon de ces charges; ces cent trente Fabriquans ayant, comme on l'a déjà dit, chacun dix fours à conduire, il y aura

 donc

donc en tout pour la Ville de Paris 13000 fours: or, quand chacun de ces fours ne feroit que quatre cuites par jour, d'un ſeptier chaque, on aura par jour 5200 ſeptiers de farine fabriquée en pain qui ſe cuira dans ces fours: or, comme on eſtime communément chaque ſeptier de bled à 240 livres de pain ou environ, ce ſera un million 208 mille livres de pain, ou environ cinq quarterons pour chaque habitant, du fort au foible. Outre les cent trente charges des Marchands-boulangers fabriquans, la Compagnie aura mille Marchands de pain, diſtribués dans mille places, qu'elle choiſira dans les différens quartiers de la Ville, pour y vendre en détail le pain qui ſe fabriquera dans ces Maiſons de fabrique. Elle ſe chargera de faire porter le pain chez les Marchands en détail, à qui elle donnera auſſi pour ſon bénéfice 20 ſols pour 240 livres de pain commun, 25 ſols pour le pain bourgeois, 30 ſols pour le pain fin, & 35 ſols pour 240 livres de pain mollet. Or comme chaque débitant aura à-peu-près 5 ſeptiers ou 1208 livres de pain à détailler par jour, il aura 6 livres 5 ſols de profit, en prenant un prix proportionnel aux différentes qualités de pain. Chaque Marchand de pain aura donc par an un revenu de 2280 livres, & en prenant à-peu-près la moitié du revenu de de l'année pour la finance de la charge, ce ſera 1000 livres qu'ils payeront au Roi pour l'acquiſition de leurs charges, & la charge ſervira à aſſurer la Compagnie qui leur confiera du pain pendant l'eſpace d'un mois, ſans leur demander compte. Ainſi ces mille charges produiront au Roi un million de finance pour Paris ſeul. Or, comme dans tout le Royaume il y aura à proportion plus de conſommation qu'à Paris, parce que les habitans des Campagnes & des petites Villes conſomment plus de pain pour leur uſage, que les habitans des grandes Villes, où l'on vit plus délicatement; nous pouvons ſtatuer qu'il faudra, à proportion, autant de Boulangers fabriquans & de Marchands débitans qu'à Paris, c'eſt-à-dire, dix neuf fois plus. Ainſi, ſi un million d'habitans que Paris contient, nous ont donné pour les charges des Maîtres-boulangers fabriquans 780 mille livres, cela fera pour tout le Royaume un objet de 15 millions 600000 livres pour les ſeules charges de Fabriquans, & pour celles des Marchands de pain en détail, 20 millions; deſorte que la ſeule Boulangerie du Royaume aura produit au Roi 35 millions, 600000 livres, ce qui joint aux autres charges de bouche, ſçavoir:

Les Bouchers. . .	20,000,000 l.
Les Marchands de vin.	40,000,000 l.
Les Boulangers	35,600,000 l.
Le Roi tirera pour ces trois articles,	95,600,000 l.

qui eſt une finance très forte, & qui pourtant n'incommodera perſonne. Au contraire, par cet établiſſement on auroit une Police plus exacte dans le Commerce des denrées, qui eſt ſi utile pour favoriſer les Arts, le Commerce en général, l'Agriculture & la Population, qui ſont des choſes également intéreſſantes dans un Etat: de plus, ce ſeroit augmenter d'autant les capitaux des fonds du Royaume, parce que ces charges ſeroient regardées comme des biens permanens, qui composeroient en partie la fortune des familles, & dont le revenu pourroit augmenter beaucoup par la ſuite, comme ont fait toutes les charges que nos Rois ont créées anciennement. Les fonds de cette premiere finance pourroient, ſi le Conſeil le jugeoit à propos, ſervir à rembourſer les charges de l'Etat qui paroiſſent les plus onéreuſes. Ce ſeroit ſoulager les peuples, & peut-être donner un nouveau degré de force à la Puiſſance Légiſlative.

A R-

ARTICLE XXV.

Obſervations intéreſſantes ſur les nouveaux Etabliſſemens des Magaſins à grains.

AVANT que de faire voir à mes Lecteurs de quelle maniere on pourroit procurer à la Compagnie d'Agriculture tous les fonds qui lui ſeront néceſſaires pour les diverſes opérations, nous allons entrer dans un détail particulier de quelques inconvéniens qui s'oppoſent aux nouveaux établiſſemens des magaſins, & qui pourroient renverſer de fond en comble tout l'édifice & le ſyſtême de cette Compagnie, ſi nous ne tâchions de donner au-plutôt les moyens propres à les parer, par un expédient également avantageux pour l'Etat & pour les particuliers.

Quand on enviſage du premier coup d'œil le projet des magaſins à grains que je viens de propoſer dans les Mémoires précédens, tout y paroît ſéduiſant en apparence, parce que les arrangemens qu'on prétend y faire, ſemblent empêcher le flux & le reflux des denrées; cependant, en y réfléchiſſant un peu plus mûrement, on découvre aiſément que le même défaut ſubſiſte toujours;

jours ; & les personnes qui sont proposées pour veiller à l'administration des affaires de l'Etat, ne tarderoient pas à l'appercevoir : peut-être est-ce là la raison qui a empêché jusqu'à présent l'établissement des magasins généraux des grains dans ce Royaume. Nous avons supposé qu'il falloit à la Compagnie un milliard 80000 millions de livres pour le simple achat des grains qu'elle mettroit en magasin, sans compter de nouveaux fonds qu'il lui faudroit encore pour acheter les vins & les fourages superflus. Quand on ne prendroit que le seul objet des grains pour exemple, je vais prouver qu'il n'en faudroit pas davantage pour déranger toute l'économie de ce systême ; car lorsque la Compagnie feroit emplette des bleds superflus, dans les années d'abondance, pour les mettre en réserve dans ses magasins, elle y emploiroit, suivant la supposition, 360 millions en argent, qui se trouveroient versés de plus dans le Commerce & dans le Public, pendant chaque année de récolte favorable ; au contraire, lorsqu'elle feroit la vente de ces mêmes grains dans les années de disette, comme elle les vendroit un tiers en-sus du prix de leur achat, cela feroit pour trois ou quatre années, en supposant que les années de disette se suivissent, un objet d'environ un milliard 440 millions d'argent

gent monnoyé, que la Compagnie retireroit de la vente de ses grains en réserve, & dont les capitaux entreroient dans ses coffres, pour y demeurer jusqu'à ce qu'il arrivât des années d'abondance, & pour y servir à recommencer de nouvelles emplettes, & remplir les magasins de nouveaux; tel est l'exposé & le plan fidele du projet. Or il est aisé d'appercevoir que pendant le tems que la Compagnie vendra ses grains, elle n'en achettera point du Public; ainsi l'argent qui proviendra de cette vente, rentrera dans ses coffres, & sera autant d'argent qui sortira d'entre les mains du peuple, & par conséquent du Commerce, dont le flux & le reflux qu'on auroit cru empêcher dans les denrées, subsistera encore dans la circulation des especes monnoyées, ou, ce qui est la même chose, dans les effets représentatifs, qui tiendront lieu de monnoie. Cet inconvénient produiroit à coup sûr les mêmes désordres qu'on auroit voulu éviter, & peut-être quelque chose de pis; car on a toujours fait la remarque, que la trop grande abondance, de-même que la trop grande rareté de l'argent monnoyé, sont autant préjudiciables au Commerce, que les inégalités des récoltes. La France a par-devers elle des exemples encore moins récens de ces tems malheureux, où la monnoie & le papier furent si com-

communs, que les prix de toutes les denrées & des marchandifes monterent à un fi haut degré, que cela attira dans le Royaume celle de nos voifins, fit fortir l'argent de l'Etat, & jetta les peuples dans un excès de luxe, d'orgueil & de vanité, dont ils fe reffentent encore; non feulement les mœurs en furent corrompues, mais les affaires des meilleures familles s'en font trouvées fort dérangées: car, comme il eft affez ordinaire que quand l'argent eft commun, tout le monde en eft pourvu, ceux qui, dans des tems de difette, s'étoient vus dans la néceffité d'emprunter, fe libérerent de leurs dettes, au moyen de l'abondance des effets qui circuloient dans l'Etat; mais quand il s'agit d'acquitter de vieilles dettes, le fort du créancier eft bien différent alors de celui du débiteur qui s'acquitte, c'eft ce qu'il eft aifé de prouver. Si, par exemple. un écu peut fuffire dans des tems de difette de l'argent, pour fournir aux befoins & à l'entretien d'une famille, il en faudra bien davantage pour faire face à cet entretien, quand les efpeces font devenues communes; ce furplus fera proportionné à l'augmentation du prix des denrées & des marchandifes: ainfi les perfonnes dont toute la fortune confifte en rente ou en appointement, feront obli-

obligées pour lors de faire beaucoup plus de dépenſe pour ſoutenir leur famille & ſeront expoſées à ſe ruiner; pareillement ceux qui ſe trouvent dans le cas de recevoir leurs capitaux à l'option de leurs débiteurs, en deviendront à coup ſûr les victimes, & ſe trouveront réduits à un bien plus modique: c'eſt ce que nous avons vu arriver du tems des Billets de Banque, qui ont cauſé un dérangement très-conſidérable dans l'Etat: c'eſt auſſi ce qui ne manquera pas d'arriver, toutes les fois que les eſpeces monnoyées ſeront trop communes. Par la raiſon déduite ci-deſſus, ſi elles deviennent trop rares, ce qui arriveroit dans notre cas, quand la Compagnie vendroit ſes grains, parce qu'elle attireroit alors tout l'argent dans ſes coffres, comme nous l'avons remarqué ci-deſſus, outre que le pain deviendroit d'un tiers en-ſus plus cher, la difficulté que le peuple auroit de trouver ſuffiſamment d'argent pour en acheter ſuivant ſes beſoins, obligeroit bien des particuliers indigens à ſe défaire de leurs meubles & effets, à un prix qui ſans doute ſeroit très-bas, en comparaiſon de ce qu'ils auroient coûté dans les tems d'abondance d'argent; preſque tous les gens qui vivent du produit journalier de leur travail, ſe trouveroient dans la même néceſſité: or or le nombre en eſt fort grand, ainſi que la quantité des meubles & effets qui ſeroient à vendre : il en réſulteroit donc à coup ſûr un préjudice conſidérable pour le Commerce, parce que les marchandiſes de fabrique tomberoient à un prix ſi bas, que les Ouvriers ne trouveroient preſque plus d'ouvrage pour s'occuper : la rareté des eſpeces monnoyées arriveroit toutes les fois que la Compagnie, par la vente de ſes grains de réſerve, abſorberoit dans ſes coffres plus de moitié de l'argent monnoyé qu'il y a actuellement dans le Royaume : ainſi il me paroît plus que vraiſemblable, que le même vice ſubſiſteroit encore dans ſon entier ; car il eſt égal pour le bien de l'Etat, que l'un ou l'autre, ſçavoir, les denrées ou les eſpeces monnoyées, ſe trouvent trop rares ou trop abondantes, puiſqu'il en réſulte toujours le même effet, qui eſt de porter les peuples dans cette miſere affreuſe, où on ne le voit que trop ſouvent ; car, quand il y a une grande diſette, ſoit des denrées, comme lorſque les récoltes manquent, ſoit d'argent, comme quand il y a quelque ſoupçon de guerre, un renouvellement de baux des fermes, ou enfin quand nos Armées ſont en pays ennemi, & qu'elles font ſortir l'argent hors du Royaume ; dans tous ces cas, dis-je, le petit peu-

peuple ne trouvant plus les mêmes ressources dans son travail, il faut nécessairement que pour vivre il ait recours à ses meubles ou autres effets qu'il peut mettre en vente; c'est dans ces tems de calamité qu'ils payent bien cher l'aisance dont ils ont joui les années plus heureuses; car ils perdent considérablement sur le peu d'effets qu'ils possedent; & que les riches, profitant de l'occasion, achettent, comme on dit, pour un morceau de pain: cette perte n'est que trop particuliere, & ces biens passent des uns aux autres: elle seroit indifférente pour l'Etat, mais il n'en est pas de-même du tems que tous ces malheureux perdent, faute d'occupation; c'est une perte réelle pour l'Etat, puisque sa plus grande richesse consiste dans l'industrie de ses habitans & dans la culture de ses terres: or il se trouve que l'un & l'autre sont également négligés; & comme de toute façon il se fait moins de consommation dans les denrées, & dans les ouvrages de fabrique, parce que les personnes aisées se sont pourvues de ce qu'il leur falloit, aux dépens des pauvres, par les meubles vieux qu'ils leur ont achetés, cela fait qu'ils achettent moins de neuf; ou bien il faut que des Marchands fassent des magasins de vieux meubles, pour les vendre dans des tems plus heureux, pour y pouvoir faire de gros profits; ils achettent toujours les choses qui ont servi presque au quart de leur juste valeur. Ce n'est pas-là le seul mal qui arrive dans le Commerce: les Marchands en fabriques neuves, qui ont pris des termes pour faire leurs payemens, voyant que les échéances de leurs Lettres arrivent sans qu'ils soient en état de les acquitter, vendent leurs marchandises à perte, ce qui opere leur ruine: de-là vient l'origine des faillites & des banqueroutes. Ajoutons à tout cela ce que je viens de dire, qu'il y a dans l'Etat un Peuple financier qui fait commerce & marchandise d'argent & de papiers. Ils ont tous un même intérêt de faire valoir les inventions pernicieuses de leurs professions, qui est de faire disparoître, autant qu'ils le peuvent, la quantité des especes circulantes, en les retenant dans leurs coffres-forts, pour les rendre plus rares, & par ce moyen obliger le Public à se servir de leurs papiers, dont ils font commerce, en les escomptant à perte à ceux qui en sont porteurs; au-lieu que si les especes monnoyées n'étoient retenues nulle part, & avoient une circulation libre, les payemens se feroient bien plus facilement; on ne seroit pas si souvent contraint d'avoir recours aux emprunts, & de faire courir

rir du papier qui perd de ſa valeur repréſentative. La ſource de ce mal vient donc de l'uſage & de l'adreſſe des Financiers, de tenir en dépôt chez eux le véhicule de la puiſſance des Etats, qui leur ſoumet les Peuples & les Souverains même en quelque ſorte, quand ils ſe trouvent dans le cas de leur faire des emprunts. Malgré les exemples que la Police en fait quelquefois, il ne s'y en trouve que trop encore; mais ils donnent à leurs manœuvres un tour ſi adroit, qu'ils perſuadent aux eſprits ſimples qu'ils ſont des gens utiles & précieux à l'Etat, ce qui fait qu'on les tolere, malgré tous les déſordres qu'ils cauſent dans le Public; parce qu'on a ſi peu de moyens pour fournir aux beſoins imprévus, qu'on eſt bien-aiſe de connoître des ſources où l'on puiſſe dans les cas preſſans puiſer l'argent, quand l'Etat en manque: mais ces voies ſont ſi onéreuſes pour l'Agriculture & le Commerce, qu'on ne peut mieux les évaluer, qu'en diſant que ce ſont des maux néceſſaires, qui ſouvent ne remédient qu'à de petits inconvéniens, tandis que d'un autre côté ils cauſent des déſordres affreux. Les Prêteurs ſur gages ſont encore une ſorte de Financiers uſuriers plus odieux. Ils attirent à eux la ſubſtance la plus pure des citoyens, excitent les jeunes gens à la débauche & à la ruine de leur famille; loin d'être de quelque utilité au Public, ils atténuent & appauvriſſent le Commerce, en rendant la difficulté plus grande dans les payemens & dans les échanges. Une telle profeſſion ne doit pas être ſoufferte dans un Etat bien policé; c'eſt à ſon égard comme la vermine aux corps, qui vit aux dépens du ſang le plus pur; tel eſt l'état actuel où les choſes ſont en France. Le tableau que l'on vient d'en voir, n'eſt que trop reſſemblant; & ſi l'on ne trouvoit pas quelque moyen pour empêcher ces déſordres, il arriveroit dans la fortune des citoyens d'un certain état, des révolutions très-contraires au Bien général: car la plus grande partie des peuples eſt toujours le jouet des viciſſitudes occaſionnées par l'inconſtance des ſaiſons, & celles des eſpeces circulantes. Nous avons imaginé des magaſins pour mettre en réſerve les denrées ſuperflues pendant les années d'abondance. Il faut pareillement en établir pour recevoir les effets & les meubles dont le peuple eſt ordinairement obligé de ſe défaire quand les denrées ſont cheres, ce qui arrivera toujours dans les tems que la Compagnie mettra en vente les grains de ſes magaſins; ainſi il faudra de toute néceſſité que pour faire refluer les eſpepeces dans le Public, la Compagnie d'Agriculture ait, dans toutes les Villes du Royaume & même dans les Chefs-lieux des Subdélégations, des dépôts ou magaſins établis exprès pour recevoir en général tout ce qui ſera meuble, moyennant l'intérêt ordinaire, fixé par le Roi à 5 pour 100 par an, & en outre un demi pour 100 de bénéfice, pour acquitter les frais de régie, les dépenſes de ces magaſins, & les appointemens des Commis: cette méthode de prêter ſur des gages ou effets mis en dépôt dans les magaſins de la Compagnie, fera circuler les eſpeces qui ſeront provenues de la vente de ces grains, & qui ſans cette invention ſeroient reſtées dans ces coffres, faute d'occaſion de pouvoir les employer, & de les reverſer dans le Public. A l'égard des autres commerces de la Compagnie, ils ſeront toujours d'une nature à-peu-près égale; & quand même il arriveroit à leur occaſion des flux & reflux dans les eſpeces monnoyées, l'invention de prêter l'argent ſur des effets mis en dépôt, maintiendra la balance dans leur circulation: ſi le peuple a beſoin d'argent, ce ſera une preuve que la Compagnie d'Agriculture en aura plus qu'il ne lui en faudra, & le Public en trouvera aiſément chez elle au moyen des meubles, bijoux,

&c. dont il pourra se passer quelque tems, & qu'il déposera dans ses magasins jusqu'à ce que la face de ces affaires vienne à changer: pareillement quand la Compagnie manquera d'argent, ce sera une marque certaine qu'il est passé entre les mains du Public, qui le lui prêtera à son tour moyennant 5 pour 100 d'intérêt. Par ce moyen, la Compagnie pourra toujours avoir des fonds pour faire ces grandes entreprises, comme nous l'avons dit, lorsque les premiers établissemens auront été faits pour les grains. Les emplettes des différentes denrées n'influeront point les unes sur les autres. Il arrivera souvent que la récolte des vins ou des foins sera si abondante, que le superflu des vins pourra être compensé par la diminution des autres; & si au contraire il arrivoit que la disette fût générale dans toutes les denrées, ce qui est fort rare dans un Royaume aussi étendu que la France, la Compagnie y suppléera par les ressources que nous lui avons supposées. Les vignes ne sont pas cultivées généralement dans toutes les Provinces; il s'en trouvera qui produiront plus de grains que de vins, & d'autres qui donneront plus de vins que de grains; ainsi, à tout prendre, il n'y auroit plus à craindre les flux & reflux dans les especes monnoyées, qui seroient

roient généralement très-contraires à l'Agriculture & au Commerce, comme on l'a déjà prouvé plus haut, si on ne procuroit pas pour le bien de l'Etat une circulation modérée & égale, telle qu'elle le seroit au moyen des prêts sur gages que feroit la Compagnie: car il est indispensable que les peuples trouvent dans leurs besoins un secours d'argent, sans que cela nuise en rien à leur fortune; ce qui ne se peut faire que par le moyen des effets pris en dépôt par la Compagnie.

ARTICLE XXVI.

Observations sur le Projet de prêt sur gages, appellé communément Lombard, *qu'on propose de permettre à la Compagnie.*

POUR empêcher le flux & le reflux des especes monnoyées que la Compagnie attirera toutes à elle, lorsqu'elle ouvrira ses greniers pour en vendre les grains & en même tems pour les faire rentrer dans le commerce, on ne voit point de moyen plus efficace, que de permettre à cette Compagnie d'établir des bureaux par-tout, pour recevoir les meubles & effets que les gens

gens qui ſe trouveront avoir beſoin d'argent y porteront en dépôt, en attendant des tems plus favorables. Je n'ignore pas qu'on a propoſé depuis peu un pareil établiſſement dans ce Royaume, pour faciliter à tout le peuple des moyens de trouver de l'argent à emprunter ſur des effets, meubles & autres: quoique les intéreſſés dans cette affaire ayent préſenté un projet ſous les points de vue les plus capables de le faire réuſſir, il n'a pas été reçu: il eſt facile de montrer ici, que quoique la choſe ſoit bonne en elle-même, elle eſt contraire aux principes de notre Gouvernement, ſuivant leſquels on ne doit jamais rien admettre qui puiſſe faire le moindre ombrage à la Puiſſance Légiſlative. Dans les commencemens d'un pareil établiſſement, il n'y auroit rien à craindre de cette Compagnie particuliere; mais dans la ſuite, devenant de jour en jour plus accréditée, elle auroit pu parvenir à un tel degré de puiſſance, que rien n'eût été capable de la balancer dans tout le Royaume. Les Miniſtres, toujours plus clairvoyans en matiere politique, en ont ſenti les conſéquences; & je ne doute pas que ce n'ait été cette raiſon qui ait fait écarter cette entrepriſe: ſi les Financiers cauſent bien du mal, comme nous l'avons montré, ce ſeroit encore bien

bien pis dans le cas d'une Compagnie particuliere autorisée par l'Etat, où toutes les personnes en place pourroient être intéressées secrettement, & entre les mains de qui la finance ne tarderoit pas de passer. Pour grossir leurs gains, ils attireroient à eux tout l'argent monnoyé, & ne le laisseroient circuler que sous les conditions les plus dures, & d'un tribut qui, quand il ne seroit pas au-dessus de l'intérêt ordinaire, seroit toujours fort onéreux au peuple; il est aisé de juger combien cette Société particuliere deviendroit puissante avec le tems: elle auroit, pour ainsi dire, tout l'argent monnoyé & l'équivalent en effets, & la facilité qu'elle auroit d'emprunter elle-même à 5 pour 100, lui mettroit dans les mains la fortune d'une infinité de particuliers, qui y placeroient leur argent, & qui par-là deviendroient autant de créatures dépendantes de cette Compagnie: le Public, sans s'en appercevoir, en deviendroit tributaire, parce qu'elle se rendroit à la longue indispensablement nécessaire pour eux. C'est ainsi que les plus grands abus se sont introduits: on ne les a envisagés d'abord que comme des choses utiles; & sous cette apparence séduisante ils ont acquis insensiblement un pouvoir qu'on ne sçauroit plus réduire, & qui résiste au Pouvoir Législatif. Une Compagnie qui auroit le maniement de tout l'argent du Royaume, feroit quelque chose de pis que tout ce qu'on a vu; & cette raison jointe à plusieurs autres particulieres, a arrêté justement cet établissement: telles sont, par exemple, l'usure, l'inconvénient de faciliter les vols domestiques, la crainte des indiscrétions, &c. Les Prêteurs sur gages, quelque odieux qu'ils soient par l'énormité des intérêts qu'ils exigent, ayant autant de raison de se cacher que ceux à qui ils prêtent, sont en quelque sorte plus favorablement regardés, qu'une simple Compagnie. Il n'en seroit pas de-même si notre Compagnie d'Agriculture faisoit cette entreprise: nous avons démontré qu'elle ne peut jamais être dans le cas de faire le moindre ombrage à l'Autorité Souveraine; d'ailleurs étant dispersée en petits districts par tout le Royaume, tenant à la Terre même, étant régie par la Puissance Législative, & se conduisant par les principes d'une politique qui tend au bien général de l'Etat & du Peuple, jamais elle n'auroit la moindre idée de faire le monopole sur les especes monnoyées, comme il y auroit lieu de l'appréhender de la part d'une Compagnie isolée & particuliere. Notre Compagnie forme l'Etat & le Peuple tout à la fois; elle ne peut pas être contraire

à

à elle-même ; car en voulant retenir les especes monnoyées pour en exiger un léger intérêt de 5½ pour 100, elle perdroit infiniment plus par le retard qu'elle apporteroit à la vente de ses denrées, & au progrès de toutes ses opérations ; tous les Seigneurs, les Magistrats & les personnes un peu distinguées, en étant membres, n'auroient point de gages à donner pour emprunter ; leurs Actions dans la Compagnie seroient des gages plus que suffisans, & leur propre revenu les acquitteroit. Le gain que feroit la Compagnie étant si modique & divisé en tant de mains différentes, loin de causer un monopole sur l'argent, feroit au-contraire un moyen de le faire circuler, & par-là de concourir au progrès des Arts & du Commerce : remarquez d'ailleurs, que l'argent qu'emploiroit la Compagnie à ces prêts, seroit dans une proportion relative à ses autres entreprises, desorte que les unes favoriseroient les autres. Le débit des denrées en réserve feroit entrer les especes dans les coffres de la Compagnie, qui les distribueroit au Public en les lui prêtant dans ses besoins, moyennant un intérêt très-modique. Si l'abondance des denrées oblige la Compagnie à se défaire de son argent pour faire ses emplettes, elle lui en fera rentrer d'un autre côté, parce qu'alors le peuple re-

tire-

tirera ſes meubles & autres effets qu'il aura mis en dépôt; ou ſi les propriétaires ne ſe trouvoient pas en état de les retirer, la vente qui en ſeroit faite pour leur compte, feroit auſſi rentrer les fonds de la Compagnie. Ainſi le prêt ſur gages que l'on permettroit à cette Compagnie, maintiendroit tout dans un juſte équilibre, jamais l'argent monnoyé ne ſe trouveroit arrêté nulle part; les payemens ſe feroient alors bien plus facilement qu'à-préſent, que la plus grande partie des eſpeces eſt concentrée dans les coffres des Financiers. Il ne ſeroit plus néceſſaire de faire tant de Billets & de Lettres de change, dont l'abus eſt fort grand, malgré les ſoins que les Magiſtrats y apportent. Tous ces Papiers payent aux Banquiers un tribut plus fort quon ne le payeroit à la Compagnie; outre que ce moyen, tout coûteux qu'il eſt, n'eſt jamais ſi ſûr que l'argent même; la Compagnie ſans autre intérêt feroit remettre l'argent par tout le Royaume, au moyen des reſcriptions qu'elle donneroit ſur ſes correſpondances. Quelles facilités, quels points de vue avantageux ce projet n'offre-t-il point pour l'aiſance du Commerce! La Compagnie ſeroit la ſeule Banquiere du Royaume. Y auroit-il quelques inconvéniens à en craindre? Sa ſolvabilité peut-elle être révoquée

quée en doute, comme celle de nos Banquiers, qui, établiſſant leur Banque ſans avoir de fonds ſuffiſans, & ayant attiré la confiance publique, en abuſent enſuite par des banqueroutes fréquentes? Les correſpondances de la Compagnie étant auſſi étendues que ſon commerce, c'eſt-à-dire, par-tout où ſes denrées ſe conſommeront, elle auroit des Agens, & pourroit faire des payemens plus prompts & plus ſûrs que par la voie ordinaire; la confiance eſt l'ame du Commerce. La Compagnie étant revêtue de tous les caracteres propres à lui attirer la confiance publique, ſeroit le maintien & l'appui le plus ſolide que l'on puiſſe imaginer pour porter le commerce de la Nation juſqu'au plus haut degré, c'eſt ce que nous tâcherons de développer encore plus particuliérement dans la ſuite de ces Mémoires.

Le Lecteur a ſans-doute compris que la Compagnie aura dans tous les diſtricts ou ſubdélégations, & dans toutes les Villes du Royaume des bureaux pour recevoir les gages & diſtribuer l'argent à raiſon de 5 ½ pour 100 d'intérêt: on ne recevra des gages que de perſonnes connues & ſûres, qui donneront leurs déclarations ſur les Regiſtres; on leur comptera en argent la moitié de la valeur de la choſe eſtimée ſuivant un prix marchand; & pour reconnoître ceux qui vien-

viendront retirer les gages, on leur donnera des billets ou coupons, dont une partie restera attachée aux Registres, où seront portés la chose & le numero, afin que quand on rapportera le billet ou coupon, on puisse le confronter avec son autre moitié, pour s'assurer que le gage sera retiré par la personne qui l'aura apporté, ou par son ordre; on sera obligé de renouveller tous les ans les coupons, de payer les intérêts, faute de quoi les gages seront vendus pour le compte du propriétaire, à qui la Compagnie remettra le surplus de l'argent, après avoir prélevé le fond capital du prêt, les intérêts, s'il y en a de dûs, & en outre 6 deniers pour livre pour les frais de vente. Les billets seront payés, à raison de 5 sols chacun, chaque fois qu'on en lévera de nouveaux. Les Commis, Receveurs & Controlleurs qui seront préposés pour la régie de cette entreprise, seront des personnes discrettes & sûres, pour ne pas divulguer le secret de ceux qui auront intérêt à n'être point connus; & s'il arrivoit quelque reproche fondé sur leur indiscrétion, ils seroient révoqués sur le champ, & privés de leurs emplois. Cette attention de la part de la Compagnie, fera que le Public préférera, à tous égards, de porter plutôt des effets dans ses bureaux, que de les confier

fier à des perſonnes inconnues, & qui exigent des intérêts exorbitans. Quant aux frais qu'il en coûteroit à la Compagnie pour tenir ces bureaux, ils ne ſeroient pas fort conſidérables ; & je penſe que les 2 liards pour livre au-delà du ſol d'intérêt ordinaire, les 2 liards pour livre ſur la vente des effets, & les 5 ſols par coupons que l'on exigeroit des emprunteurs, ſeroient plus que ſuffiſans pour remplir cette dépenſe.

Afin d'apprécier à-peu-près à quoi pourroit ſe monter toute l'étendue du Commerce d'argent & d'effets dont nous parlons, & qui ſe feroit dans tout le Royaume, je crois qu'on doit l'évaluer en proportion de la vente des grains en magaſin de réſerve, c'eſt-à-dire, que dans l'eſpace de ſix années qu'on emploiroit pour acheter ou pour vendre ces grains, la Compagnie prêteroit au Public à-peu-près le capital de ces fonds. Dans les tems d'abondance, lorſque la Compagnie achetteroit les grains ſuperflus, il y auroit peu d'emprunteurs; car l'argent étant commun, le Public en auroit moins de beſoin; au-contraire ce ſeroit ce tems où ceux qui auroient emprunté viendroient retirer leurs effets, ce qui feroit rentrer l'argent dans les coffres de la Compagnie; ou bien dans le même tems elle mettroit en vente les effets qui auroient reſté

resté plus d'un an dans le magasin. Le plus fort du prêt seroit dans les années de disette, où l'argent seroit plus rare, & le prix des grains d'un tiers plus haut. Alors la Compagnie prêteroit beaucoup; le produit de la vente des grains la mettroit en situation de faire face à cette opération. Cependant il y auroit en tout tems des gens qui emprunteroient selon leur besoin, comme il s'en trouveroit aussi qui retireroient leurs effets; mais en général on peut compter que le plus fort des emprunts & des remboursemens se feroit naturellement dans des tems fixes, sçavoir, les emprunts pendant la vente des grains de réserve, & les remboursemens pendant le tems des achats de la Compagnie, ce qui quadreroit très-bien avec ses opérations, & ne pourroit pas convenir aussi-bien à toute autre Société qu'à celle qui doit entretenir la balance dans le prix des denrées: or, comme nous l'avons fait sentir, la grande facilité que ce moyen procureroit pour avoir de l'argent à peu de frais dans les cas pressans, seroit très-commode pour le Public. Nous ne devons pas douter que du fort au foible, les sommes empruntées pendant l'espace de six années, ne montassent, à peu de chose près, à ce que les grains en réserve auroient pu coûter. En partant de cette supposition,

tion, qui eſt fondée ſur une proportion aſſez vraiſemblable, & pour faire repaſſer cette monnoye dans le Commerce, le total en monteroit donc à un milliard 800 millions, que la Compagnie auroit prêtés, & dont l'intérêt à 5½ pour 100, feroit pour trois années, à cauſe du fort de la vente des grains & de la plus grande rareté des eſpeces, 297 millions de bénéfice; & par année, repartie entre les ſix années révolues de la vente à l'achat des grains, cela monteroit à 49 millions 500000 livres, qui reviendroient à la Compagnie. Il eſt bon d'obſerver que quoique les Uſuriers ne retirent pas actuellement entr'eux tous un ſi gros bénéfice, par le commerce d'argent qu'ils font, la maniere dure, gênante & peu ſûre à laquelle il faut ſe ſoumettre pour traiter avec eux, fait beaucoup de mal; au-lieu que cette méthode aiſée que nous propoſons, procureroit beaucoup de bien au Commerce, en donnant un libre cours à la circulation des eſpeces. Il y a encore une raiſon que je ne dois point paſſer ſous ſilence, c'eſt que quand le peuple ſera ſûr qu'avec le ſecours de ſes meubles, bijoux & autres effets, il pourra trouver de l'argent dans ſes beſoins, on le verra dans les tems d'aiſance faire beaucoup d'acquiſitions dans le genre des choſes qui flattent ſa cupidité, en faiſant

 l'orl'ornement des appartemens & l'aisance dans le commerce de la vie. De-là il s'ensuivra une consommation plus grande des ouvrages des fabriques de toute espece, ce qui étendra d'autant plus notre Commerce, & augmentera les richesses de l'Etat. En tout ceci comme dans le reste des profits de la Compagnie, le Roi retirera le cinquieme pour sa part, qui montera à près de 9 millions 900000 livres. Par cet exposé, les Lecteurs verront que cette invention qui est admirable, & que de tout tems on a reconnue comme telle, n'est praticable dans un Etat Monarchique, que par les moyens que je propose, & entre les mains d'une Compagnie d'Agriculture, telle qu'on l'a décrite, dont toutes les parties réunies forment un tout qui ne peut jamais manquer, parce que chacune des parties se prête des forces & des secours mutuels ; & je soutiens cependant que sans le prêt sur gage qu'il faut qu'elle fasse, si jamais elle a lieu, les choses se trouveroient à-peu-près aussi mal qu'elles l'ont jamais été sans les magasins à grains & autres denrées; le prêt sur gages seul ne produiroit pas un grand effet: le peuple seroit exposé toujours au flux & reflux des denrées ; & sans le prêt des gages fait par une Compagnie comme celle qui a été décrite ci-devant, il seroit exposé au flux & au reflux

flux des especes monnoyées: or l'un & l'autre de ces deux cas est également préjudiciable à l'Agriculture, au Commerce, & même à la Propagation de l'espece humaine.

ARTICLE XXVII.

Des moyens par lesquels la Compagnie d'Agriculture pourroit se procurer tous les fonds nécessaires pour former toutes ses entreprises.

SI les hommes étoient aussi équitables & aussi vertueux qu'ils l'étoient, à ce qu'on prétend, dans ces tems heureux du Siecle d'or, si vanté par les Poétes, l'Argent monnoyé, les Billets & les Contrats seroient fort inutiles dans le Commerce. La bonne-foi tiendroit lieu de tout, chacun sçachant ce qu'il doit aux autres, ainsi que ce qui lui est dû, rendroit justice à ses semblables & la recevroit d'eux. Tous les genres de Commerce se feroient avec bien plus d'activité & d'équité qu'ils ne se font; mais les hommes ayant dégénéré de cet état d'innocence, la fraude, la mauvaise-foi & l'abus de confiance ont obligé les hommes, pour pouvoir commercer ensemble, à recourir à des moyens nouveaux. On eſt convenu, pour faciliter les marchés & les transports de propriété des marchandiſes des uns aux autres, de donner à certaines matieres revêtues d'une certaine forme, une valeur générale qui pût s'appliquer à la valeur idéale des différentes choſes dont on avoit beſoin, & qu'on vouloit acheter; telle eſt l'origine de l'Argent monnoyé. On auroit pu ſans-doute ſe ſervir de toute autre matiere, auſſi-bien que des métaux; mais leur dureté & la facilité qu'ils ont à prendre toutes ſortes de formes & d'empreintes, leur a fait donner la préférence, & on y a attaché des idées de valeur plus ou moins grandes à proportion de leur rareté. Il y a encore des Peuples qui vivent dans la premiere ſimplicité, qui ne commercent que par la voie des échanges, & chez qui l'uſage des monnoies n'eſt pas encore connu; d'autres préferent de ſimples coquillages de mer à l'or le plus pur. Nous avons vu nous-mêmes les François, ce Peuple ſi inſtruit, ſi éclairé en toutes choſes, préférer à l'or du meilleur alloi des papiers, qui n'avoient pour toute recommandation que la valeur idéale qu'on y avoit attachée. L'uſage des monnoies n'eſt qu'un ſigne de convention pour faciliter le commerce, les ventes & les achats: il eſt fort indifférent au fond, que la matiere en ſoit

ſoit d'or, d'argent, de cuivre, &c. ou du papier, pourvu que la valeur idéale en ait été fixée par le Prince, & reçue par les Peuples, la choſe eſt indifférente. Dès-lors c'eſt une meſure commune qui s'applique à la valeur de toutes les marchandiſes, & à l'aide de laquelle on peut ſe procurer tout ce dont on a beſoin; mais dans l'état où ſont les choſes, la monnoie eſt abſolument néceſſaire; ſans elle on manque de tout, avec elle on peut avoir tout: c'eſt le véhicule de toutes les affaires, de toutes les entrepriſes, des marchés, des échanges qui ſe font entre les hommes, & cette monnoie, quoiqu'idéale & arbitraire, influe plus ou moins ſur les autres matieres, ſelon qu'elle eſt plus ou moins rare, plus ou moins commune; tout eſt fondé ſur l'imagination, comme nous l'avons prouvé précédemment: qu'un Souverain fixe aux eſpeces monnoyées une certaine valeur, à l'inſtant tous ſes ſujets la tiendront pour vraie: peu leur importe pour leur uſage que la choſe ſoit réelle ou non, dès qu'ils ſeront tous d'un commun accord. Nos Billets de Banque en ſont une preuve; les Coupons de la Compagnie des Indes, les Billets des Lotteries Royales, les Lettres de change de nos Banquiers ſont autant d'effets repréſentatifs, qui ont leur cours preſque auſſi réglé que la monnoie: ce n'eſt

 donc

donc pas la qualité de la matiere qui en fait le prix, mais ſeulement l'accord de la convention de ſa valeur, & la confiance qu'on a que cette valeur ſera durable & permanente. Si quelque choſe eſt capable de décréditer les Papiers publics, c'eſt la variation perpétuelle dans leur prix; ſans cette variation ils auroient toute la confiance publique, & ſeroient préférables alors dans l'uſage des payemens: en effet le tranſport en eſt facile; on peut en porter ſur ſoi pour des ſommes conſidérables, ou les faire tranſporter promptement à des diſtances éloignées avec plus de ſûreté, moins de danger, & à moins de frais, que l'or & l'argent, qui ſont des matieres fort peſantes, & qui occupent beaucoup de place; c'eſt la raiſon qui avoit fait préférer dans leur tems les Billets de Banque à l'argent monnoyé. On voit par expérience que dans les Etats où la confiance regne, les Billets ſur la Banque publique ont un avantage marqué ſur les eſpeces monnoyées. S'il y avoit une convention autoriſée par le Souverain, & adoptée par ſes ſujets pour former de la monnoie à-peu-près ſemblable aux Billets de Banque, rien ne ſeroit plus utile, puiſque par ce moyen on pourroit tout entreprendre; mais les Peuples n'ont pas encore perdu entiérement le ſouvenir du mauvais ſuccès des Billets de Banque; *ils* ne ne donneroient pas aisément une confiance aveugle à des effets d'une nature aussi casuelle & aussi sujette aux caprices des hommes: il faudroit donc trouver des moyens plus sûrs, & c'est ce qu'il est aisé de faire au moyen de la Compagnie d'Agriculture. Je vais les détailler.

ARTICLE XXVIII.

Observations sur la nature des Billets de confiance.

LA Compagnie d'Agriculture sera composée, comme nous l'avons dit, de tous les principaux Propriétaires des fonds de terre, depuis les Princes du sang, les grands Seigneurs & ceux qui possédent les premieres places du Royaume, jusqu'aux plus simples particuliers. Or la plupart de ces membres ne sont pas des gens assez riches en argent par eux-mêmes, pour avancer & fournir les premiers fonds nécessaires pour former ces établissemens. Je me suis suffisamment expliqué sur cet article, puisque j'ai dit ailleurs que la Compagnie ne fourniroit point d'argent; mais comme il n'y a point dans tout le Royaume de sujets plus solvables que les membres qui composeront cette Compagnie, puisqu'ils pos-

possédent la plus grande partie des biens en fonds de terre, je pense que le Public ne pourroit manquer de donner toute sa confiance aux billets & promesses que feroit cette Compagnie, si une fois le Roi lui permettoit d'en faire qui pussent avoir cours, & circuler dans le Commerce comme l'argent monnoyé, & que le Législateur ordonnât en même tems de les recevoir dans ses finances. Personne ne concevroit de défiance pour de pareils effets, puisque la plus grande partie des citoyens, tous membres de cette Compagnie, en seroient les auteurs, & qu'ils auroient intérêt de les mettre en vogue. Il y a apparence que personne ne me contestera ce principe : en effet quel accident pourroit faire tomber ces Billets en discrédit, si le Roi qui y sera le premier intéressé les approuve ; & lorsque les trois quarts des sujets les plus opulens trouveront ainsi leur intérêt à les recevoir & à les faire circuler, iront-ils directement travailler contre leur propre ouvrage, quand des raisons personnelles d'intérêt les porteront au contraire à le soutenir ? Non sans-doute. Jamais Papier n'auroit mieux mérité le nom de confiance ; il n'est pas de Banque dans le Monde qui soit fondée sur des principes si solides, & si certains, que ceux qui servent de base à cette confiance ; les métaux les plus précieux mis en dépôt dans un Trésor

ſor public, ne peuvent entrer en comparaiſon avec tous les biens en fonds de terre d'un Etat. Ces premieres richeſſes ſont idéales, arbitraires, & ſujettes à être enlevées par mille accidens, ſoit de la part des dépoſitaires, ſoit de la part d'un ennemi vainqueur. Mais qui eſt-ce qui peut déplacer, altérer & diminuer la moindre choſe à la valeur naturelle du fonds d'un Etat? Rien n'eſt plus ſtable que cette ſolvabilité, puiſque tous les membres de la Compagnie ſeroient ſolidaires les uns pour les autres dans toute l'étendue du Royaume, & que ces dettes ſuppoſées ſeront privilégiées à toutes autres dettes précédentes: car comme c'eſt pour l'amélioration des biens-fonds de terre que nous propoſons de créer les Billets de confiance, il eſt aſſez naturel que ces mêmes fonds ſoient chargés & répondent des événemens. Peut-on manquer de confiance en cette eſpece de monnoie, dès que le Souverain en l'approuvant l'aura revêtue de tous les caracteres d'authenticité néceſſaire, & que les Edits, Déclarations & Réglemens faits en conſéquence, ſeront enregiſtrés dans toutes les Cours Souveraines du Royaume; qu'il y ſera ordonné expreſſément que le prix de ces Billets ne variera jamais, qu'ils ne pourront avoir de cours que dans l'intérieur du Royaume pour les affaires & le commerce de la Nation; qu'il ne ſera pas permis d'en faire des payemens aux Étrangers, ni d'en recevoir d'eux, à moins qu'ils ne ſoient réſidens parmi nous; que ces Billets ſeront faits avec toutes les précautions imaginables, pour éviter la fraude & la contrefaction; & de plus qu'on obſervera une juſte proportion entre le nombre de ces Billets regardés comme monnoie circulante, & l'argent monnoyé qui ſe trouve actuellement dans le Royaume, afin que cette augmentation d'eſpeces ne ſurpaſſe pas la proportion convenable au Commerce de la Nation? Je dis qu'il ne peut y avoir rien de plus ſolide, de plus commode, & qui mérite davantage la confiance du Public, que ces effets. Le Conſeil du Roi, les beſoins du Commerce, l'étendue immenſe des diverſes opérations de la Compagnie, & les avis que le Bureau général fera donner du plan de ces entrepriſes, régleront cette proportion de quantité une fois pour toutes, & marqueront les tems où il ſera permis d'en faire & de les diſtribuer dans le Commerce. Tant de perſonnes ſages & éclairées, dont les vues pénétrantes ſaiſiront tous les objets de la Politique, pourront-ils commettre des fautes groſſieres, comme un ſeul homme ambitieux qui n'auroit en vue que ſon intérêt perſonnel? Non ſans-doute. *Ici la* Com-

Compagnie, c'est tout l'Etat, ou, pour mieux m'exprimer, tout la famille rassemblée avec le pere commun à la tête: rien ne représente mieux l'image de la vérité, de la prudence & de la justice, qu'un Acte solemnel, qui contiendroit les titres, statuts & réglemens que le Roi accorderoit à cette Compagnie: on n'a jamais rien vu de plus sacré que le seroient ces loix fondamentales, ni rien de plus propre pour affermir de plus en plus la Puissance Royale, que cette chaîne qui embrasseroit tous les intérêts communs de l'Etat & du Peuple, dont les nœuds seroient entre les mains du Souverain, sans qu'il ait jamais rien à craindre de la part des uns ni des autres; parce que leurs intérêts respectifs s'y trouveroient si bien enchaînés, qu'on ne pourroit rompre cette union sans porter atteinte au tout: ainsi nul à mon avis ne seroit tenté de l'entreprendre, quand même la chose seroit en son pouvoir, parce que l'intérêt commun sera toujours le défenseur. On m'objectera peut-être que je propose une chose tout-à-fait inouïe; qu'on n'a jamais vu établir des Billets pour circuler comme monnoie courante, sans qu'il y ait jamais nulle part un fonds d'especes assigné pour les représenter en cas de besoin; & que s'il n'y a un appui, une base d'argent monnoyé en en caisse pour y faire face, comme cela est d'usage pour tous les Billets de Banque, ou autres qui partent toujours d'un fonds capital en especes ou rentes, &c. c'est précisément n'être fondé sur rien. Pour répondre à cette objection & en faire voir le peu de solidité, je n'ai que deux mots à dire. A-la-vérité on n'a pas encore vu une pareille invention de Billets. Je conviens que l'idée en est neuve, mais elle n'en a pas moins de mérite pour cela; & je suis persuadé que tous les gens raisonnables trouveront le fondement de ces Billets, supérieur de beaucoup à ceux qui ne tirent leur valeur que des fonds renfermés dans une caisse, dont ils ne sont que l'image: car s'il survient quelque accident à ces fonds ou à cette caisse, qu'une force majeure vienne à s'en emparer, que deviendra l'image? quelle confiance aura-t-on à des effets dégradés dans leur principe? & n'y aura-t-il pas toujours à craindre tant que la cause du danger subsistera? Ici il n'en est pas de-même: nulle puissance majeure, ni autres accidens semblables, ne peuvent attaquer les fondemens qui servent de principe aux Billets de confiance, que je propose de créer en faveur de la Compagnie d'Agriculture, sans attaquer toute la Compagnie & toute la Nation en même tems:

tems: car ce ne ſont pas de ſimples particuliers qui la compoſent; c'eſt tout l'État, & le Roi à la tête. Qu'y auroit-il à craindre? Ne ſeront-ils pas en état de les défendre contre tous, & d'en ſoutenir le crédit, puiſque les fondemens en ſont pour ainſi dire inébranlables, & que d'ailleurs leur intérêt y eſt ſi ſenſiblement lié, que nul ne peut s'en écarter ſans ſe faire du tort à ſoi-même? J'eſpere donc que mes Lecteurs ne me conteſteront point ce fait; il me reſte à tracer un projet d'ordre & de combinaiſon pour la fixation de ces Billets, leur nombre & l'uſage auquel on les emploira.

ARTICLE XXIX.

Comment la Compagnie ſe procurera l'argent dont elle aura beſoin pour être en état d'exécuter toutes ſes opérations.

TOus les Billets de confiance que la Compagnie fera en ſon nom, ne ſeront deſtinés que pour être employés uniquement à la conſtruction des magaſins à grains, & à l'achat des grains ſuperflus, afin de les mettre en réſerve: ainſi, ſuivant l'état du plan général ou carte que la Compagnie aura fait fai-

faire par tout le Royaume pour ses établissemens, & principalement pour les magasins à grains, le Bureau général verra ce qu'il faudra de capitaux à chaque district pour former les premiers établissemens des magasins à grains, & faire l'achat de ces grains; mais comme l'achat ne se fera pas tout à la fois, mais peu-à-peu, il ne sera nécessaire d'abord que de créer des Billets de confiance pour faire les magasins, & acheter les ustensiles qui seront nécessaires pour ces magasins, & avoir quelques fonds pour l'emplette des grains surperflus qui seroient à vendre, & que la Compagnie déposera dans des greniers particuliers, avant que ces magasins soient en état de les recevoir: ainsi j'estime que pour commencer, il sera à propos que le Roi permette à cette Compagnie de fabriquer pour 300 millions de Billets de confiance, qui seront repartis proportionnellement entre tous les districts & subdélégations du Royaume, suivant la force & le nombre de leurs Actions dans la Compagnie. Je suppose qu'il en faut à-peu-près cette quantité, parce que la Compagnie ouvrira en même tems ses bureaux pour le prêt sur gages, comme nous l'avons dit ci-dessus, afin que l'argent circule plus facilement dans le Public, & que ce véhicule mette tous les peuples en mou-

mouvement; ainsi tous les particuliers qui voudront faire quelque chose, trouveront les moyens de s'occuper, soit dans les différens emplois que la Compagnie donnera, ou par la facilité d'avoir de l'argent au moyen du prêt sur gages. Trois cens millions de Billets répandus dans le Public, par les différens travaux que la Compagnie fera faire, ou par l'argent qu'elle prêtera, rendront bientôt la monnoie commune dans le Royaume. La confiance que le Public aura dans toutes les entreprises de cette Compagnie, fera que dans ces premiers tems toutes choses se pratiqueront comme s'il y avoit déjà long-tems qu'elle fût établie, & que le Public eût déjà reconnu les avantages qui en résultent en sa faveur: ainsi dès la premiere année une partie des 300 millions qui seront employés au prêt sur gages, commencera à rapporter du bénéfice à la Compagnie. Comme l'argent deviendra plus commun, bien des gens s'empresseront à placer le leur pour s'en faire un fonds capital qui augmente leur revenu: ainsi la Compagnie pourra emprunter, si l'occasion s'en présente, 200 millions à constitution de rente, sur le pied de 5 pour 100. Les mêmes bureaux établis pour le prêt sur gages, serviront à recevoir l'argent que le Public apportera à la Com-

Compagnie, qui en fera ſes engagemens valables par l'entremiſe de ſes Agens, leſquels ſerviront de titres aux rentiers. Tout l'argent qu'on prêtera à la Compagnie, ſera pareillement diſtribué à chaque diſtrict ou ſubdélégation, pour être employé à l'achat des denrées qui font l'objet de ſon commerce, & pour conſtruire des magaſins pour les vins, fourrages, &c.

C'eſt ainſi que la Compagnie en faiſant circuler les eſpeces monnoyées, animera de toutes parts le Commerce; le petit profit qu'elle fera pour l'argent prêté ſur gages, ou celui qu'elle retirera dans les ſuites ſur les grains, les vins & les fourrages, ſerviront à payer les intérêts des ſommes qu'elle aura été obligée d'emprunter. La ſeconde année de ces premiers établiſſemens, ſi les récoltes des grains ſont abondantes, on lui permettra de créer encore pour 300 millions de nouveaux Billets de confiance, ce qui fera encore un fonds de 600 millions qu'elle répandra dans le Public, & qui augmentera le nombre des eſpeces circulantes, ſuppoſé qu'il y ait actuellement pour un milliard 400 millions d'argent monnoyé; ce ſera alors de-même que s'il y en avoit pour 2 milliards; mais comme le prêt ſur gages fera diſparoître le commerce des Uſuriers, on peut compter que l'argent monnoyé ne ſera plus retenu nulle part dans

dans les coffres comme il l'eſt à-préſent; il circulera preſque tout dans le Commerce, & on en verra par-tout une abondance bien plus grande: ainſi la Compagnie trouvera par cette invention un moyen & une aiſance d'emprunter autant de fonds qu'elle en aura beſoin pour donner la premiere forme a ces nouveaux établiſſemens. Elle payera toujours l'intérêt des ſommes empruntées ſur le pied de 5 pour 100; & les bénéfices qu'elle retirera à meſure, feront face à cet intérêt annuel. J'eſtime encore qu'elle pourra emprunter la ſeconde année 400 millions. Elle aura donc 600 millions en fonds de Billets de confiance, & 600 autres millions en eſpeces empruntées; ce qui lui fera un milliard 200 millions, qu'elle emploira à former l'établiſſement de ſes premieres entrepriſes, comme nous l'avons dit. Je ferai voir dans la ſuite de cet Ouvrage, qu'elle ne ſera point embarraſſée à les employer dans l'eſpace de deux années, à tout ce qu'il conviendra qu'elle faſſe, ou qu'elle achette; car, ſuppoſé que les récoltes qu'elle achettera avec la conſtruction des magaſins qu'elle fera bâtir pour les loger, abſorberont les 600 millions en Billets de confiance, & cette eſpeee de monnoie répandue dans le Public, ſoit par cette voie, ou par celle du prêt ſur

Q ga-

gage, lui fera rentrer au moins autant d'argent qu'on lui prêtera, à raiſon de 5 pour 100 d'intérêt, parce qu'alors l'argent étant fort commun, les gens qui en ſeront poſſeſſeurs, ſeront bien-aiſes de s'en faire un fonds ou capital; deſorte que les 600 millions que je ſuppoſe qu'elle aura reçus du Public ſur des Contrats de conſtitution, lui ſerviront pour faire ſon commerce de grains & de vins dans tout le Royaume; mais comme l'ame de tout ce commerce ſe trouvera conſiſter dans la conſtruction des canaux de navigation, & dans les arroſemens, elle fera travailler en même tems à l'exécution de ces travaux, que nous allons détailler ſous un autre plan plus conforme à l'entrepriſe générale de Commerce & d'Agriculture; c'eſt pour cela qu'il ſe fera un mouvement très-grand dans tous les ſujets du Royaume, pour porter ces travaux à leur perfection. Les peuples voiſins, les Suiſſes, les Allemands, les Flamands, les Savoyards & même les Eſpagnols viendront chez nous pour y avoir de l'ouvrage: comme on ne peut avoir trop de bras, on recevra tous les gens qui ſe préſenteront pour travailler, & on pouſſera vigoureuſement les travaux tendans à l'amélioration de l'Agriculture & du Commerce; ainſi deux milliards d'argent monnoyé ne ſeferont pas trop pour faciliter tous les payemens & les affaires de commerce qui se feront alors par tout le Royaume. Le Bureau d'Agriculture qui veillera sur tous les objets, y fera les observations nécessaires; & je suis presque certain qu'à la troisieme ou quatrieme année, il trouvera que pour faire face à tout, fournir à tous les payemens & aux achats, il n'y en auroit pas encore assez; ainsi on créeroit dans la troisieme année 300 autres millions de Billets de confiance, & les bureaux seroient toujours ouverts pour recevoir l'argent que le Public voudroit prêter à la Compagnie à 5 pour 100 d'intérêt: par ce double moyen, la Compagnie recevroit de l'argent de toutes parts, & se reverseroit de-même dans le Commerce; ce qui accéléreroit beaucoup ses affaires. Dans la quatrieme année on achéveroit de créer le restant des Billets qu'on seroit convenu d'abord que la Compagnie feroit tant pour la construction des magasins que pour l'achat des grains en réserve; ainsi ils monteroient à près de 1100 millions de ces nouvelles especes circulantes, qui, jointes à 1400 millions d'argent monnoyé, qu'on suppose existant dans tout le Royaume, feroit 2 milliards 500 millions de livres, qu'il y auroit en tout. Je ne crois pas que cette quantité d'especes circulantes fût trop forte : car à mesure que les entreprises de cette Compagnie s'avanceront, le Commerce de la Nation deviendra plus étendu ; & alors, comme il se fera plus d'affaires, il faudra aussi à proportion une plus grande quantité d'especes monnoyées, puisque, comme je l'ai fait remarquer ci-devant, il se fera bien moins de Billets & de Lettres de change, lorsque l'argent sera commun. Tous les payemens se feront, pour ainsi dire, à mesure des emplettes : les especes en seront plus circulantes, & trouveront toutes à s'employer. On ne craindra plus alors que personne cherche à faire des amas d'argent & à thésauriser, comme font actuellement la plupart des Avares & des Financiers, dès que la Compagnie prêtera sur gages, & qu'elle empruntera l'argent du Public à 5 pour 100, par des Contrats de constitution ; il faudra beaucoup d'argent à cette Compagnie pour l'établissement de ses commerces, ses arrosemens généraux, la navigation des rivieres & canaux du Royaume ; les améliorations générales des landes & terreins vagues de diverses Provinces, les nouveaux établissemens des haras, l'entreprise d'élever des bêtes à laine, & des vaches dans les Pays où ces bestiaux manquent, font autant d'objets dé-

dépendans de cette Compagnie, dont l'exécution demandera beaucoup d'argent; mais la voie des emprunts étant ouverte, la grande quantité d'argent monnoyé qui se trouvera pour lors répandu dans le Public, procurera abondamment des fonds à cette Compagnie; car à mesure que les progrès de ses entreprises se développeront, la confiance augmentera de plus en plus, & chacun s'empressera à placer son argent chez elle pour s'en faire un revenu certain: par cette raison elle en trouvera toujours suffisamment quand il lui faudroit 5 à 6 milliards, elles les trouveroit peu-à-peu, & à mesure qu'elle en auroit besoin: l'argent qui circule, fait la navette par ces deux mouvemens; & je ne serois pas étonné que dans cinq ou six années, cette Compagnie se trouvât avoir employé dans toutes ses entreprises 3 milliards d'argent monnoyé, & avoir porté presque tous ses projets à ce point de perfection, qu'on doit raisonnablement attendre d'une Compagnie si bien composée, si bien digérée, si étendue & si intéressante. Je laisse à mes Lecteurs à considérer quels sont les effets qui doivent résulter de pareils arrangemens, s'ils sont plus faciles à concevoir qu'à décrire; cependant on apperçoit que par ce simple véhicule des Billets de confiance, que le

Roi aura permis à la Compagnie de faire, & les bureaux établis dans tout le Royaume pour le prêt sur gages, la Compagnie sera en état de trouver tous les fonds qui lui seront nécessaires pour ses opérations, sans qu'il lui en coûte rien; & c'est je crois m'être acquitté de la promesse que j'avois fait dès le commencement de cet Ouvrage, que sans avoir aucuns fonds en especes, la Compagnie pourroit faire les plus grandes entreprises. Tout réside, comme on voit, dans la confiance, dans le bon ordre & la justesse des combinaisons, qui feront tout le succès de cette grande affaire. Comme cette Compagnie dès le commencement se procurera, au moyen des Billets de confiance, des fonds qui monteront à 1100 millions, sans payer aucun intérêt, le produit que ces Billets donneront par le prêt sur gages, & le gain que la Compagnie retirera dans l'espace de six années sur la vente de ses grains en réserve, seroit plus que suffisant pour acquitter les intérêts de deux milliards, supposé que la Compagnie les ait empruntés du Public. Ces mêmes Billets causant un grand mouvement par la circulation des monnoies, feront rentrer par la voie des emprunts tout l'argent dont la Compagnie aura besoin; ainsi toutes les branches se prêteront des

des forces & des secours mutuels, & ne tarderont pas à s'élever au point de perfection qu'on doit attendre d'une entreprise qui seroit aussi bien digérée.

ARTICLE XXX.

Observations sur les avantages que l'Etat & le Roi retireront de ces nouveaux Billets de confiance.

NOus avons fait connoître à nos Lecteurs les moyens dont le Royaume se servira pour se procurer tous les fonds qui lui seront nécessaires: bien loin que ces moyens puissent nuire au commerce & à la finance du Roi, on peut assurer que les Billets de confiance que la Compagnie répandra dans le Public avec les bureaux qu'elle aura par-tout dans les Villes du Royaume, feront tellement circuler l'argent monnoyé, que chacun s'en trouvera suffisamment fourni, & que personne ne sera oisif, tandis qu'il y aura tant d'occasions de travailler & de gagner. A coup sûr, les impôts seront mieux payés, & tout le monde s'en ressentira; comme le Roi percevra le dixieme ou le vingtieme sur toutes les rentes que la Compagnie fera à ceux qui lui prêteront

ront de l'argent, ce ſera encore un objet aſſez conſidérable d'augmentation dans les Deniers Royaux; car en ſuppoſant que la Compagnie emprunte 3 milliards au moins du Public, pour faire face à toutes ſes entrepriſes, & exécuter toutes ſes opérations, comme nous le ferons toucher au doigt, l'intérêt de cette ſomme à raiſon de 5 pour 100, montera à 150 millions, ſur leſquels le Roi pourra percevoir au moins 7 millions 500000 livres. Les biens de l'Etat cependant augmenteront par la création de ces rentes d'environ 3 milliards, ſans compter ce que les améliorations des terres rapporteront de plus aux différens particuliers propriétaires, qui par ce moyen ſeront plus en état de payer leur portion des impôts. Nous avons déjà fait connoître que le Roi ayant la cinquieme partie de tous les revenus de cette Compagnie, il lui en reviendra conſidérablement de finance. Donnons maintenant une idée de la maniere dont la Compagnie fera faire ces Billets de confiance, de leur forme & des précautions que l'on prendra, afin qu'ils ne puiſſent pas être contrefaits ni falſifiés.

1. Il y aura à Paris une Imprimerie en taille douce, où l'on fabriquera ces Billets, ſous la direction du bureau général, & dans la forme ſuivante. Ces

Bil-

Billets ſeront ornés d'une vignette repréſentant tous les attributs de l'Agriculture, deſſinés & gravés par les plus habiles Maîtres qu'on aura choiſis à cet effet. La valeur du Billet ſera écrite dans le cadre formé par la vignette, & le papier ſera taillé exprès de 5 pouces de longueur ſur 3 de largeur. Indépendamment de cette vignette, il y aura une empreinte de l'Effigie du Roi d'un côté, & ſes Armes de l'autre côté, c'eſt-à-dire, ſur chaque bout intérieur du cadre: ces Cachets ſeront frappés comme une médaille en gravure & un peu en bas relief. Il faut obſerver que ces Billets ſoient de quatre prix différens; il y en aura de 96, de 48, de 24 & de 12 livres, mais on n'en fera point de plus haut ni de plus bas prix; & ſuivant la valeur qu'ils repréſenteront, les empreintes de l'Effigie ſeront plus ou moins grandes, préciſément comme ſi l'on en faiſoit un coin pour fabriquer de ſemblables monnoies d'or. Ces coins & ces planches reſteront en dépôt dans le bureau du Tréſor général à Paris, & on ne s'en ſervira jamais qu'en préſence de quelques perſonnes de confiance prépoſées pour y veiller, leſquelles seront chargées d'en tenir un compte exact, & ſe controlleront les unes par les autres. Il y aura deux bureaux d'empreinte, l'un pour la planche, & l'autre pour la médaille.

2. Lorſque les Billets ſeront fabriqués, on enverra à chaque généralité le nombre de Billets qui lui reviendra, ſuivant la répartition réglée au bureau général. Chaque généralité fera encore appliquer ſur ces Billets ſes armes en médaillon, & il y aura quatre perſonnes choiſies entre les Agens des ſubdélégations, qui les ſigneront ſur deux lignes dans une place laiſſée exprès vacante dans le cadre; chacun d'eux ſe ſervira d'une encre viſiblement différente, & n'en changera pas que tous les Billets ne ſoient ſignés. Les numéros ſeront auſſi écrits d'une autre main. Quand tous les Billets ſeront entiérement fabriqués, comme la feuille de papier ſera d'une longueur double, on les reliera tous enſemble par ordre de numéros, & les différentes valeurs ſeront reliées ſéparément; enſuite on coupera ces Billets dans la Broderie, qui demeurera avec la moitié de la feuille attachée au Livre qui formera le regiſtre des coupons, où ſeront pareil nombre de numéros, avec la valeur du Billet gravée ſur le talon du coupon. Quand les Billets de chaque généralité ſeront ſignés & numérotés, les talons du coupon enregiſtrés & reliés par or-

ordre de numéros, avec l'empreinte particuliere des armes de chaque généralité, on enverra à chaque subdélégation la portion de Billets qui lui reviendra, sur laquelle il sera encore appliqué un petit cachet en médaille avec le nom de la subdélégation, de-même qu'on aura mis aussi celui de la généralité; c'est ainsi que seront fabriqués tous les Billets de confiance que la Compagnie donnera dans le Public en payement, & qu'elle recevra de-même dans ses emprunts, comme si c'étoit de l'or monnoyé; mais afin que le Public ne soit pas trompé par la contrefaction des Billets de confiance, la Compagnie fera faire à ses dépens au moins un million de porte-feuilles propres à conserver ces Billets & autres Papiers de conséquence. Ces porte-feuilles contiendront aussi l'empreinte véritable de la forme de chaque Billet, tels que les généralités les auront marqués à leurs armes & signés: ce modele sera différent des Billets, en ce qu'il sera écrit dessus, en gros caractere, *Modele de comparaison*, afin que lorsqu'on prendra de ces Billets en payemens, on puisse les confronter avec ce modele de comparaison, & voir s'ils lui ressemblent bien en toutes choses, pour les traits de la gravure, les empreintes, les cachets & les signatures, qui seront égaux aux

aux uns comme aux autres. Il y-aura plusieurs feuilles où seront marquées, généralité par généralité, les empreintes des subdélégations de chacune, avec le numéro des subdélégations, suivant le rang réglé par le sort au bureau de la généralité pour la prééminence entr'elles aux assemblées. Les généralités seront aussi placées par numéros, suivant le rang de leurs Députés à l'assemblée du bureau général ; ainsi ceux qui seront munis de ces porte-feuilles, pourront examiner si les Billets qu'on leur donnera, seront les véritables ; & quand ils seront aussi dans le cas de les donner en payement, ils feront observer à ceux à qui ils les donneront, qu'ils sont conformes au modele de comparaison : cela ne contribuera pas peu à établir la confiance, & à écarter la fraude ; car ceux qui auroient des Billets dont la fausseté seroit bien prouvée, seront arrêtés & emprisonnés comme gens qui distribuent de la fausse monnoie ; alors on enverra ces Billets suspects au bureau général, pour être vérifiés au talon des coupons & aux empreintes ; & s'ils se trouvoient réellement faux, on feroit les perquisitions nécessaires pour en découvrir les fabricateurs ; & ceux qui seroient déclarés coupables de ce commerce, seroient punis comme faux-monnoyeurs. Avec une

une telle attention que chacun feroit intéressé d'avoir, il n'arriveroit gueres que l'on fût trompé; c'est pourquoi toutes les personnes qui feroient obligées de faire un certain commerce, se muniroient d'un porte-feuille que la Compagnie feroit vendre à son profit. Chaque porte-feuille se vendroit un louis d'or pour le moins; & comme il n'y auroit que la Compagnie qui pourroit en vendre, le profit qu'elle feroit sur cet article, lui serviroit à payer les frais de fabrique des Billets, & tous les appointemens des Commis, Inspecteurs, Commissaires & Controlleurs qui feroient préposés pour être présens à la fabrique & en rendre compte; ainsi le Public payeroit cette dépense avec plaisir, dès qu'on lui mettroit sous les yeux les moyens d'éviter les surprises & la tromperie de Billets faux. On ne feroit pas long-tems sans connoître parfaitement ces Billets; & par conséquent il feroit très-difficile de les contrefaire, d'autant plus qu'il y auroit autant de choses à observer dans la derniere précision; ce qui est presque impossible, ou du-moins feroit bien rare: d'ailleurs les peines étant si grandes, je doute fort que personne osât l'entreprendre; & comme la chose ne pourroit se faire par une seule personne, il y auroit toujours à craindre d'être découvert. Il sera expressément défendu de com-

commercer ces Billets ſur la place, ſous quelque prétexte que ce puiſſe être ; car ces Billets ne vaudront jamais ni plus ni moins que la valeur qu'ils portent écrite. Nul intérêt ne pourroit engager la Compagnie, ni même le Prince, à faire le moindre changement dans la valeur réelle de ces Billets : il ſera donc à propos de les laiſſer toujours ſubſiſter dans le même état, afin que la confiance publique en ſoit plus grande. Il n'y a que la ſtabilité dans ces choſes qui en faſſe le mérite, & qui affermiſſe de plus en plus la confiance ; au-lieu que les changemens qui ſe font arbitrairement, & par fantaiſie, jettent les peuples dans le découragement & la défiance ; c'eſt ce que nous avons vu arriver au Syſtême de LAW, par rapport aux Billets de Banque. Si le Gouvernement venoit à s'appercevoir qu'il y eût trop d'eſpeces courantes dans le commerce qui portât les peuples à l'oiſiveté, & que ces Billets euſſent autant de vogue que l'argent monnoyé, dans ce cas il faudroit ſéqueſtrer une partie de l'argent monnoyé qui ſeroit de trop, ou bien le Roi le garderoit dans ſon Tréſor juſqu'à des tems où les peuples devenant plus nombreux, il leur faudroit en proportion plus d'eſpeces pour fournir aux échanges de leur commerce ou de leur induſtrie ; car il faudra, autant qu'il eſt poſſible, faire en-

enſorte qu'il y ait des Billets de confiance pour autant de valeur que pourra ſe monter le prix des grains mis en réſerve, afin de ne pas ſupporter aucune charge d'intérêt aux capitaux qui ſeront employés aux achats de cette denrée. Cette politique, comme on voit, ſert de baſe à toutes les entrepriſes de la Compagnie d'Agriculture, afin de l'engager davantage à travailler aux progrès de tout ce qui aura droit au projet de ſon établiſſement; & ſi elle n'étoit pas encouragée par le puiſſant motif du profit, il ne ſeroit pas facile d'amener ces choſes au point de perfection, auquel j'ai ſuppoſé qu'elles pouvoient parvenir dans les ſuites. Comme elle ſera occupée d'une infinité de travaux à la fois dans toutes les parties du Royaume, on n'en ſoutiendra jamais l'exécution que par une émulation d'intérêt qui anime tous ſes membres.

Il faut obſerver encore un article des plus importans, c'eſt que quand il arrivera quelque accident aux Billets de confiance, ſoit d'être gâtés par l'eau, ou tachés, ou déchirés, pourvu que leur vrai caractere de fabrique ne ſoit pas entiérement effacé, & que l'on en ait encore le numéro, les bureaux les recevront de quelque part qu'ils viennent: on donnera au porteur en échange de l'argent monnoyé, ou un autre Billet à ſon

ſon choix; cette facilité ne contribuera pas peu à inſpirer au peuple la plus grande confiance.

ARTICLE XXXI.

Des facilités que le Roi trouvera au moyen de cette Compagnie, pour emprunter dans le beſoin telle ſomme qu'il voudra, ſans jamais payer aucun intérêt, & ſans que ces emprunts ſoient à la charge de perſonne.

SELON le ſyſtême actuel des affaires du Gouvernement, on n'a point de reſſource pour emprunter de l'argent, ſans payer de gros intérêts qui deviennent toujours à charge à l'Etat, ou, ce qui revient au même, en faiſant des Loteries avantageuſes aux Actionnaires, ou en créant de nouvelles Charges qui ſont ſouvent onéreuſes au Public, ou enfin en établiſſant de nouveaux Impôts. Si c'eſt à des Fermiers, ou autres Financiers que le Roi cede ce nouvel impôt, il arrive que ces Traitans avançant preſque toujours la finance dont le Roi a beſoin, trouvent le ſecret d'avoir la perception de l'impôt à fort peu de choſe: ils y gagnent ſouvent le double dans le commencement; & les peuples en ſont

sont d'autant plus malheureux, sans que le Roi trouve tous les besoins suffisans pour faire face à ses affaires, parce qu'il craint de surcharger ses peuples. En effet, tandis que d'un côté ils sont surchargés par de nouveaux impôts, ils se trouvent de l'autre moins en état de payer les anciens; ou si on les oblige à faire des efforts pour satisfaire à tout, & que le nouvel impôt soit mis sur les Agriculteurs, les terres en seront plus négligées; si c'est sur le Marchand, le Commerce en est retardé à proportion; si c'est sur le Fabriquant, il en résulte le même effet; enfin si c'est sur l'état des personnes vivant noblement, tous les autres états s'en ressentent par la chaîne qui les unit tous: il n'est pas possible d'affoiblir, ou de fortifier les autres, sans qu'en même tems toute la Société n'en soit affectée: il est assez ordinaire dans les tems de guerre, que le Roi soit forcé d'avoir recours à ces expédiens, lors même que la plupart des hommes utiles à l'Agriculture & aux Arts, sont occupés à porter les armes pour la défense de la Patrie; au-lieu d'un mal, cela en produit deux inévitables à la fois: joignez à cela, que si nos armées sont obligées de porter la guerre dans les Pays ennemis, notre argent alors sort du Royaume, & c'est autant de perdu pour le Commerce: il se fait

 moins

moins de consommation de notre crû; & l'inaction où se trouvent alors toutes choses, cause un dérangement total dans les affaires des familles les plus à leur aise : par une suite nécessaire, tout le Royaume s'en ressent : il seroit donc fort à souhaiter que de tant de maux que la guerre cause à une Nation, il fût possible au-moins d'en éviter les principaux : par exemple, il faudroit un moyen pour que le Roi, dans ses besoins urgens, pût trouver sur le champ toutes les sommes qui lui seroient nécessaires, sans être obligé de créer de nouveaux impôts, ni d'emprunter de l'argent, en payant ou faisant payer au peuple un intérêt qui, en le décourageant, ne peut que l'affoiblir dans ses entreprises journalieres : au-contraire on devroit, s'il étoit possible, tâcher d'animer son courage de plus en plus, afin que la petite quantité des hommes qui restent attachés aux professions méchaniques, puissent, par leurs travaux redoublés, réparer la perte causée par l'absence de ceux qui portent les armes pour la défense de la Patrie & des droits de leur Souverain. Un tel secret, à mon avis, ne peut se trouver que par le moyen de la Compagnie que je propose. La confiance générale qu'elle se seroit acquise par une conduite prudemment réglée, & par des procédés équitatables, procureroit tous les expédiens nécessaires à l'exécution de ces grandes entreprises : car supposons que le Roi eût besoin tout d'un coup de 100 millions, le crédit & la réputation les lui feroient trouver à l'instant, sans payer aucun intérêt, & sans être obligé de débourser un sol. Le Roi n'auroit qu'à lui permettre de fabriquer des Billets de confiance, jusqu'à concurrence des 100 millions demandés ; au-lieu de ces Billets, la Compagnie fourniroit au Roi de l'or & de l'argent monnoyé, pour en faire l'usage qu'il desireroit, soit au-dedans, soit au dehors de son Royaume. Les Billets de confiance tiendroient la place de cette monnoie, selon les arrangemens que le Roi prescriroit à cette Compagnie ; elle se rembourseroit peu-à-peu sur le cinquieme que le Roi a à prélever sur les bénéfices annuels de la Compagnie : à mesure que ces fonds rentreroient, soit en argent, soit en Billets de confiance, on feroit disparoître une partie de cette somme, en supprimant pour une pareille valeur de Billets, que l'on feroit brûler en présence des Gens du Roi préposés pour y assister : ainsi en supposant que chaque année le Roi eût permis à cette Compagnie de se rembourser de dix millions, on feroit brûler pour dix millions de Billets ; & dans l'espace de dix ans, les 100 millions de nouveaux Billets ſeroient ſupprimés, & les choſes ſe retrouveroient au même état qu'avant la guerre: le Roi ſe ſeroit acquitté ſans avoir payé aucun intérêt, & ſans que la Compagnie eût été retardée dans ſes opérations, ni le peuple ſurchargé; au contraire ces Billets, en rempliſſant le vuide de l'argent qu'on auroit fait ſortir du Royaume pour la paye des Troupes, le Commerce ni l'Agriculture n'en auroient rien à ſouffrir: les peuples aidés par ce véhicule, & pouſſés du deſir de pouvoir remplir leurs engagemens & ſatisfaire à leurs beſoins eſſentiels ou habituels, ne manqueroient pas de redoubler leurs travaux, leurs ſoins & leur application; ce qui contribueroit à réparer le tort de l'abſence des gens employés à la guerre: la France, par ce moyen, ſeroit en état de ſoutenir de longues guerres, & d'être ſupérieure en tout à ſes ennemis; c'eſt ce qui ne ſeroit pas difficile, ſuivant ce nouveau ſyſtême, par lequel il eſt plus que prouvé, qu'au moyen d'une ſemblable Compagnie, l'Etat trouveroit plus de reſſource, qu'il n'y en a à eſpérer actuellement de tous les Financiers, qui ne font jamais part au Roi de leur argent, que ſous des conditions fort onéreuſes aux peuples, ſur qui les charges tombent toujours.

ARTICLE XXXII.

Des moyens que le Roi trouvera par le secours de la Compagnie d'Agriculture, pour rembourser les dettes de l'Etat, sans que les Rentiers y perdent la moindre chose.

DANS les tems de paix où l'Etat n'a pas les mêmes dépenses à faire que dans les tems de guerre, il est facile au Roi de mettre en réserve une partie de ses revenus; & c'est ordinairement dans ces tems-là que l'on supprime les impôts qu'on avoit créés au commencement de la guerre, & par-là le Roi soulage en quelque sorte ses peuples; mais l'argent qu'il tient en réserve dans ses Trésors, pour s'en servir dans les occasions, est un argent mort pour lui & pour ses peuples; s'il veut l'employer à quelque chose d'utile, comme à rembourser des capitaux & éteindre des intérêts onéreux, il réduit une infinité de familles dans le cas de faire un usage désavantageux de leur argent, & souvent de le placer avec risque, ou sur des effets qui ne leur rendent pas le même intérêt. Enfin, de quelque maniere que ce soit, il arrive que cet argent n'est pas toujours

 placé

placé de la maniere la plus profitable pour l'Etat; car si le Roi l'emploie au remboursement des dettes, il est vrai que c'est en quelque sorte le placer à intérêt, puisqu'on supprime alors ceux que le Roi est obligé de payer; mais aussi quand le Roi se trouve avoir besoin d'argent pour des cas imprévus, & qu'il a placé l'argent qu'il auroit pu mettre en réserve, il est obligé pour faire face à tout, de créer de nouvelles rentes & de recourir à d'autres moyens onéreux, par les avantages qu'on attache aux emprunts, pour attirer davantage la confiance du Public: ainsi l'Etat se trouve chargé de nouveaux intérêts plus forts que ceux qu'il auroit remboursés ci-devant; c'est ainsi que le Roi perd toujours, & ne peut jamais s'acquitter: s'il arrive qu'on vienne à réduire les intérêts au taux de l'Ordonnance, le crédit du Roi perd beaucoup, comme nous l'avons vu arriver de notre tems aux rentes de l'Hôtel-de-ville: le mal de cette réduction ne seroit pas considérable, si la plupart des personnes qui ont acquis des premiers de ces rentes, ne s'en étoient défaits en faveur d'autres; mais il est rare qu'il n'y en ait point un grand nombre qui auroient acheté ces Contrats dans la bonne foi, & les auroient payés à raison du denier vingt, & peut-être davantage, suivant la confiance ſiance que le Public y mettroit alors: dans ce cas, l'innocent ſouffre pour le coupable; & dans une autre occaſion, le Roi ne trouveroit pas les mêmes facilités pour emprunter de l'argent: il faut donc alors uſer d'autres moyens, & offrir toujours un appas ſéduiſant, pour faire rentrer l'argent dont il auroit beſoin. Il eſt donc bien prouvé que pour le préſent, l'Etat n'a pas de reſſource pour avoir de l'argent, s'il n'a payé de gros intérêts qui le ruinent; & quand il peut faire quelque réſerve ſur ſes revenus, il n'a pas encore de moyen aſſuré pour que cet argent rentre dans le Commerce & lui porte intérêt, à moins que de s'expoſer au dépourvu, comme je l'ai fait voir: au-lieu que par le ſecours de cette nouvelle Compagnie, ſi le Roi veut mettre en tems de paix une partie de ſes revenus en réſerve, il en pourra retirer un intérêt conſidérable, en rembourſant indifféremment les rentes ſur l'Hôtel-de-ville, à raiſon du denier vingt, ſur le pied qu'on les paye actuellement; par ce moyen il augmenteroit ſes revenus: comme les Bureaux de la Compagnie d'Agriculture ſeront toujours ouverts pour recevoir l'argent qu'on y voudra placer à 5 pour 100, les perſonnes qui auront été rembourſées, ne feront qu'un ſimple déplacement de leurs rentes; & au-lieu d'avoir le Roi, ils au-

auront la Compagnie pour débiteur, & tous les biens du Royaume pour garans, ce qui ne seroit pas moins sûr : ainsi les revenus que le Roi voudra mettre en réserve, rentreront dans les mains de la Compagnie, qui les mettra en valeur; & l'Etat, en se libérant de ses dettes, augmentera ses richesses : par ce moyen il participera à tous les avantages des particuliers, & ne fera jamais aucune perte, comme il est obligé d'en faire actuellement, lorsqu'il emprunte de l'argent, ou qu'il crée des impôts nouveaux; car la Compagnie, sans se gêner en rien, lui en procurera autant qu'il sera nécessaire, sans payer le moindre intérêt. Des ressources semblables ne peuvent se trouver que dans le systême que je propose : on ne doit pas craindre que le Roi manque de moyens pour pouvoir placer le superflu de ses revenus ; quand ses dettes seront payées, il aura les domaines de la Couronne à retirer des mains des Engagistes : il aura encore les charges de l'Etat à rembourser, si son Conseil le juge à propos; enfin il aura mille moyens de le placer avantageusement pour l'intérêt de l'Etat & de ses sujets, comme je le ferai voir dans la suite de ces Mémoires. On ne finiroit point, si l'on vouloit déduire ici tous les avantages qu'offre ce nouveau projet; le Lecteur en sentira sans doute

doute toutes les vues, qui ſe préſentent à l'imagination la moins étendue. On pourra m'obſerver que les rentes ſur l'Hôtel-de-ville ne ſont pas toutes à 5 pour 100, qu'il y en a beaucoup au denier 40 de leurs premiers capitaux. Cette obſervation eſt foible : rien en effet de plus chimérique que de croire que le Roi rembourſe jamais un capital dont il aura réduit la rente : s'il a eu le pouvoir de faire cette réduction, pourquoi n'auroit-il pas auſſi-bien celui de faire le rembourſement ſur le pied de cette réduction ? Je conviens que peut-être le Gouvernement ne prendra jamais ce parti ; mais il l'a déjà fait, cela ſuffit pour ne pas mettre en doute qu'il le puiſſe faire encore, ſuivant les circonſtances : il ſera donc fort indifférent pour le Rentier de recevoir ſa rente ſur les Deniers Royaux, ou d'en être payé par une Compagnie qui aura tous les fonds de terre pour la garantie des obligations qu'elle contractera ; mais pour faciliter cette mutation de rente, une ſimple Déclaration du Roi ſuffiroit ſans autre Acte, pour transporter ſur la Compagnie les rentes aſſignées ſur les Aides & Gabelles, & autres, à meſure que le Roi ſera en état de les rembourſer, avec les fonds ſuperflus qui lui reſteront. La Compagnie fera elle-même les Actes, qui aux termes de la Déclaration

 tion

tion seront valables. Les Bureaux de la Compagnie en feront eux-mêmes les payemens, en ne retenant que 4 deniers pour livre; par ce moyen, toutes les charges de Payeurs & de Controlleurs des rentes seront supprimées & remboursées sur le pied de la premiere finance: il n'y aura plus de Sous-payeurs par commission, qui trouvent le secret de s'engraisser aux dépens des Rentiers. Ces rentes seront payées exactement à leur échéance; & il y aura un bureau où l'on ira donner la quittance, & recevoir une rescription pour en toucher le montant dans tous les endroits du Royaume où la Compagnie aura ses bureaux, sans payer d'autres droits que 4 deniers pour livre. S'il arrive que les Rentiers veulent changer de domicile, il leur sera facile de se faire assigner le payement de leurs rentes sur tel bureau qu'ils jugeront être le plus à leur bienséance. Ce sera un simple transport d'un bureau à un autre, moyennant un droit fixé suivant la force du Contract, qui sera le demi-centieme denier du capital; ainsi les Rentiers pourront jouir par tout le Royaume de leurs revenus, & être à portée de les toucher eux-mêmes, s'ils le veulent.

A l'égard des Rentes viageres & des Tontines, comme elles s'éteignent d'elles-mêmes, & que le nombre en diminue

nue tous les jours, le Roi ne les rembourſera pas : ces ſortes de Rentes ſont utiles dans un Etat pour la commodité publique ; ainſi il ſera permis à la Compagnie d'en créer ainſi que des Tontines ; mais ſuivant notre ſyſtême, il ne faut jamais que le Roi paye le moindre intérêt pour les ſommes dont il aura beſoin. L'expédient que nous avons trouvé pour lui procurer de l'argent, ſuffit : il n'en faudroit jamais employer d'autres, puiſque celui-là eſt ſimple, & auſſi prompt qu'on le peut deſirer.

ARTICLE XXXIII.

Suite des Obſervations ſur l'Etabliſſement de la Compagnie d'Agriculture.

MEs Lecteurs apperçoivent déjà ſans-doute les différens points de vue qu'offre de toutes parts ce nouveau ſyſtême. Parmi ceux qui ne ſe ſeront pas donné la peine de l'approfondir ſuffiſamment, il y en aura beaucoup qui le regarderont comme un Roman politique. Il eſt aſſez d'uſage de traiter ainſi tous les Ouvrages de ſpéculation, juſqu'à ce que l'exécution ait pleinement juſtifié les idées de l'Auteur ; je ne puis même blâmer les premiers jugegemens qu'on portera de cette nouvelle invention: car si elle plaît d'abord & saisit l'imagination au premier coup d'œil, elle a aussi des défauts, du-moins en apparence; car elle tient à tant d'objets à la fois, & la multiplicité des matieres qu'elle embrasse, donne un air si compliqué au projet, que l'esprit n'apperçoit qu'avec peine toute l'harmonie & la justesse de ses combinaisons. Ceux qui ne voudront pas donner leur application pour suivre la chaîne qui unit le tout, & le lie à des principes tirés de l'évidence, regarderont cet Ouvrage comme un beau rêve: quoi qu'il en soit, il y a mille choses beaucoup moins intéressantes que ces Mémoires, qui cependant ont fait quelque sensation dans le Public. Tels sont *La Noblesse Commerçante*, *Les Avantages & désavantages du Commerce*, *Les Intérêts de la France mal entendus*, *L'Ami des Hommes*, & une infinité d'autres Ouvrages dont la nouveauté a plû beaucoup. Je me flatte que le Public recevra aussi du même œil tout ce que j'ai à lui donner sur cette matiere. Je tâcherai que les combinaisons en soient justes, & à la portée de tous les esprits qui aiment à s'occuper de pareils objets; mais avant de pousser plus loin ce travail, je crois qu'il convient de présenter au Lecteur quelques observations sur ce que nous

aavons déjà exposé: ensuite nous préviendrons la plupart des objections qu'on pourroit nous faire; nous préparerons le Public sur les autres matieres que nous croyons devoir être ajoutées à cet Ouvrage, pour le rendre plus complet & plus digne de son attention.

Objections sur l'exposé de la Compagnie d'Agriculture.

PREMIERE OBJECTION.

On nous opposera peut-être, malgré tout ce qui a été dit dans le commencement de cet Ouvrage, que la force du préjugé est si grande en général, qu'elle prévaut toujours sur les raisonnemens qui pourroient rassurer sur la réussite, & écarter la crainte que cette Compagnie ne porte des atteintes à la Puissance Législative. Il est très-difficile à des génies ordinaires de concevoir qu'il subsiste une harmonie parfaite, telle qu'on la suppose dans ce systême; & il seroit presque impossible qu'il n'y survînt quelque changement. Or en admettant qu'il puisse s'y faire la moindre altération dans un certain espace de tems, ils veulent démontrer qu'à la longue, & après une longue succession d'années, les changemens s'accroîtront, & que la balance & l'harmomonie cesseront d'exister; si-tôt que l'équilibre sera détruit, tout retournera dans son premier état; & pour fondement à leur objection, ils ajoutent cette remarque constante, que de tous les nouveaux établissemens, il n'en est pas un qui ait pu conserver parfaitement la position de sa premiere institution, perdant toujours ou acquérant quelque degré de force, par la concurrence d'une nouvelle institution. Or comme il est de principe que tout dans la Nature a ses oppositions ou ses contraires, il s'ensuit, selon eux, que le systême présenté n'en sçauroit être exemt.

II. OBJECTION.

Quand on supposeroit que le Roi s'y prêteroit, & que le Public l'adopteroit, l'usage qu'on en feroit seroit toujours desavantageux, en ce que son exécution détruiroit toutes les expectatives des grandes fortunes. Or ces expectatives excitent l'émulation & l'ambition des hommes, quoiqu'il en résulte plus de maux que de biens, par la foule de misérables qui meurent sans avoir pu parvenir, parce que dans le grand nombre de ceux qui y tendent, il s'en trouve toujours quelques-uns dont les nobles efforts & les tentatives pour s'élelever aux Grandeurs, quoiqu'ils n'ayent pas réussi, frayent en quelque sorte la route à d'autres, qui trouvant le chemin & les difficultés applanies, y parviennent plus aisément : ainsi la postérité profite des travaux & des efforts de ceux qui l'ont précédée. Or dans le systême que l'on propose, il n'y a plus lieu à ces expectatives de fortune ; par ce systême, tout se trouveroit resserré dans des bornes très-étroites, & il n'y auroit plus d'émulation : par conséquent on ne peut pas se persuader que quand le Roi voudroit y donner les mains, le peuple fût assez ardent à prendre part dans cette Compagnie.

III. OBJECTION.

Le plan de cette entreprise paroît si vaste, qu'il ne semble pas praticable, sans rencontrer à chaque instant une foule d'obstacles, que toute la prudence humaine ne sçauroit prévenir, & qui en arrêteront l'exécution : d'ailleurs si dans cette foule d'objets enchaînés les uns dans les autres il arrive que quelques-uns viennent à manquer ou à ne plus si bien cadrer avec les autres, tout l'édifice qu'on aura appuyé sur un tel fondement, croulera nécessairement. Comme il y a beaucoup de choses relatives au sujet qui n'ont pas encore été

tou-

touchées, il faut en attendre le dénouement, pour pouvoir asseoir un jugement solide sur les points d'appui de cette entreprise, & c'est en quelque sorte la partie la plus intéressante.

Réponse aux Objections.

Il est certain qu'on ne doit souffrir dans un Etat Monarchique aucune puissance capable de balancer le pouvoir suprême; mais il faut aussi que ce pouvoir soit si intimement lié aux intérêts de l'Etat, que toutes les parties qui en dépendent, n'en puissent recevoir aucun préjudice. C'est ainsi que peut se maintenir l'harmonie qui résulte de notre nouveau système. Le Prince y est considéré comme la tête, qui voit & dirige toutes les actions & les mouvemens du corps. Il est le Pere commun de tous ses sujets. Peut-on rien appréhender de la part d'un Pere chéri de ses enfans, de qui il tire comme d'une source intarissable toute sa puissance & ses richesses? Le Roi, tout maître qu'il est dans ses Etats, ne pourroit faire aucun mal à ses sujets sans se préjudicier à lui-même. On est revenu maintenant de ces terreurs vaines, & du faux préjugé où l'on étoit autrefois, qu'un Souverain en dépouillant ses peuples de leurs biens, & les rendant esclaves aug-

augmentoit sa puissance. Il ne faut qu'un peu de réflexion pour sentir tous les maux qui en résulteroient. Un peuple réduit à l'esclavage & privé de ses biens, cesseroit d'avoir de l'émulation; les travaux méchaniques, loin d'acquérir de nouveaux degrés de perfection, retomberoient bientôt dans la barbarie, le Commerce s'anéantiroit, les terres resteroient incultes, & la population diminueroit considérablement; car personne ne se plait à accroître le nombre des malheureux. Les richesses & la puissance du Prince, qui consistent dans le nombre de ses sujets & dans l'industrie de son peuple, en seroient beaucoup moindres; & il perdroit tout ce qu'il auroit voulu avoir. L'Empire Ottoman peut en servir d'exemple. Quel amour peut-il y avoir entre un peuple & son tyran? Exposés tour-à-tour aux caprices & aux revers de la Fortune, ils ne trouveroient ni l'un ni l'autre aucune sécurité. Indépendamment de la bonté du cœur de notre Souverain, la politique de notre Gouvernement est trop éclairée & trop prudente pour adopter des pratiques si grossieres & si évidemment contraires à ses intérêts. Il est en tout un milieu où réside la perfection. Un Etat qui seroit gouverné par des maximes qui partageroient par quelque puissance nationale le pouvoir du Prince entre lui & son peuple, rendroit la condition des sujets bien incertaine. Cette alternative continuelle entre ces deux Chefs, occasionneroit des troubles & des désordres sans fin, diminueroit la force & les respects dûs aux Loix, laisseroit le brigandage & le crime impunis, & le peuple seroit tour-à-tour la victime des deux concurrens. Tel est le défaut du Gouvernement qui est en partie monarchique, & en partie populaire. Un Gouvernement Républicain ne me paroît pas moins contraire au bien général, parce que les Charges & les Emplois s'y obtiennent par la brigue des compétiteurs, qui ne cherchent la plupart qu'à élever leur famille & placer leurs créatures, mais toujours au préjudice des citoyens. Les mêmes inconvéniens, dira-t-on, arrivent dans un Etat Monarchique: cela peut être; mais les punitions que le Prince en fait, prouvent du-moins que ces sortes d'injustices ne restent pas impunies, comme dans les Etats Républicains. Au reste il n'y a point de Nation qui ne soit jalouse de ses Loix & de ses Usages, & qui ne les trouve préférables à ceux des autres Pays. C'est un préjugé qui croît avec nous; peut-être même à cet égard, le climat influe-t-il un peu sur le génie des peuples. Quoi qu'il en soit, il n'y a point de Gouvernement qui pût mieux s'accommoder avec le systême proposé, que le Gouvernement Monarchique, & il est calculé précisément pour les mœurs & le climat de la France. Je n'ajouterai rien de de plus que ce que j'ai dit au commencement de cet Ouvrage pour prouver que la Puiſſance Souveraine, au-lieu de perdre rien de ſes avantages par ces établiſſemens nouveaux, augmentera au-contraire ſon pouvoir; c'eſt ce qu'on démontrera dans la ſuite avec la derniere évidence. Quant à l'harmonie qui régne dans ce nouveau ſyſtême, elle eſt ſi naturelle que rien ne ſera capable de la détruire, tant que les hommes conſerveront les inclinations inſéparables de leur nature; je veux dire l'amour de la gloire, de leur intérêt, & le penchant de tout ce qui peut procurer les douceurs & les agrémens de la vie: or comme ces choſes, loin de paſſer chez les hommes, ne font que s'accroître, & que les progrès des Arts & des Sciences développent en nous tous les jours de nouvelles choſes, on doit s'attendre à un accroiſſement proportionnel dans l'ordre & l'harmonie qui régneront toujours dans notre ſyſtême pour le maintien d'un établiſſement qui fera le bonheur des peuples, ſans dépendre des préjugés, comme il eſt arrivé à la plupart des fondations qui ont eu les commencemens les plus brillans, qui ont perdu à meſure que l'erreur s'eſt diſſipée. Dans tout notre projet, il n'y a rien qui ſoit onéreux pour qui que ce ſoit; chacun y trouvera ſon avantage, & le tout eſt appuyé ſur des principes ſolides & ſur la nature même, qui n'eſt ſujette à aucun des changemens dépendans du caprice des mortels. Tout y pourra être aussi permanent que la durée des hommes.

La seconde objection est si foible par elle-même, qu'on pourroit se dispenser d'y répondre. Quoi! parce que les voies de la Fortune ne seront plus si arbitraires, & que les ambitieux trouveront des bornes à leur soif démesurée, on croira qu'il y aura moins d'ambition? Erreur. On verra peu de ces fortunes extraordinaires, mais il y en aura beaucoup plus de celles qui suffisent pour opérer le bonheur des hommes: ce n'est pas connoître le cœur humain, que d'imaginer qu'il n'y aura plus d'émulation, parce qu'on ne verra plus de ces hommes de néant s'élever en peu de tems au faîte des Grandeurs & des Richesses; il n'y a aucun de ces mortels fortunés, qui dans les commencemens de leur fortune, ayent espéré de la porter si loin: leur ambition s'est accrue par degrés; à mesure qu'ils ont vu augmenter leur richesses, leurs desirs ont augmenté en même tems: encore ne sont-ils pas satisfaits, parce qu'il est de la nature de l'homme de ne l'être jamais pleinement. Tant qu'il aura la faculté de respirer, il aura celle de desirer. L'une lui est aussi naturelle que l'autre. Il ne faut donc point de ces exemples rares & singuliers, pour exciter l'émulation des hommes; au-contraire, je ne vois rien de si pernicieux dans un Etat que ces fortunes rapides,

des, qui raſſemblent toutes les richeſſes dans la perſonne d'un petit nombre de gens. Il y a peut-être dans chaque ſiecle 8 à 900 particuliers qui s'enrichiſſent par leur induſtrie, & qui peuvent poſſéder du fort au foible 30000 livres de rente. Ces 8 à 900 familles opulentes n'en ſont pas plus heureuſes ; mais ſi ce bien eût été diſperſé entre 270000 familles à raiſon de 1000 livres de rente chacune, c'eût été pour la Société un avantage conſidérable : car ces 270000 familles peuvent être évaluées à quatre perſonnes chacune ; ce qui feroit plus d'un million d'habitans, qui n'étant pas aſſez riches, travailleroient & ne reſteroient pas oiſifs ; au-lieu que 900 particuliers jouiſſant de 30000 livres de rente, occuperont tout au plus 20 ou 30 perſonnes chacun, encore eſt-ce pour ſervir à leur faſte ; & ces 30 perſonnes ne ſont utiles en rien à l'Etat, pas même pour la population ; car la plupart, à l'exemple de leurs Maîtres, ou ne ſe marient pas, ou font une eſpece de divorce avec leur femme ; cependant ces 27000 perſonnes abſorbent à elles ſeules des richeſſes qui auroient ſuffi pour aider un million de perſonnes. Quelle différence pour l'Etat & pour la puiſſance du Souverain ! Voilà cependant ce que cauſent ces fortunes rapides & brillantes. Outre le nombre de citoyens que ces nouveaux parvenus emploient d'une maniere infructueuſe pour l'Etat, ils abſorbent encore les terres,

 qu'ils

qu'ils font servir à leur plaisir, en les employant à la décoration de leurs Maisons de plaisance. Ce terrein est un terrein perdu, qui fructifieroit, s'il étoit entre les mains de gens qui le cultivassent & le missent en valeur.

On m'objectera peut-être que la portion que le Roi prendra sur les produits nets de la Compagnie est un peu trop forte, & qu'étant maître de la grossir encore quand il le voudra, il ne restera que fort peu de chose à la Compagnie. Si le Conseil du Roi n'étoit pas plus clair-voyant dans les intérêts de la politique que le Vulgaire, on pourroit craindre un pareil inconvénient; mais outre que tout est toujours pesé mûrement dans cette auguste Assemblée, la chose me paroît impossible. Car 1. ce ne seroit que dans les cas extraordinaires & pressans qu'on pourroit être tenté de faire un pareil changement: or on a vu que même dans ces cas, notre systême donne au Roi la facilité de faire tous les emprunts dont il a besoin, sans qu'il lui en coûte rien, & sans charger ces peuples. 2. En supposant que le Roi fût assez mal conseillé pour prendre une portion plus forte que le cinquieme, ce seroit un argent en pure perte pour l'Etat; car il n'est rien de tel que le peuple pour mettre en valeur les trésors de l'Etat. Chacun place ses fonds à acquérir ou à améliorer les terres, ou à l'éducation de sa famille, ou enfin les em-

emploie à des dépenſes néceſſaires, ou à leurs vues d'intérêt, qui tendent toutes à l'amélioration générale de la Société: ce qui augmente à proportion le Commerce, l'Agriculture & la Population; trois parties eſſentielles, d'où dépend la puiſſance d'un Souverain & d'une Nation. Nous avons fait remarquer précédemment, que plus les richeſſes de l'Etat ſont diſtribuées entre pluſieurs, mieux elles étoient miſes en valeur; au-lieu que réunies entre les mains d'un petit nombre de particuliers, elles ne faiſoient qu'exciter le faſte & la molleſſe dans une Nation. Il eſt donc de l'intérêt du Souverain qui gouverne ſon peuple en pere, de travailler de ſon mieux à le rendre heureux. Semblable à un Berger chargé du ſoin de ſon troupeau, s'il conſomme une trop grande partie du lait à ſon propre uſage, il diminuera d'autant la ſubſtance des jeunes agneaux, & par la ſuite le troupeau ſe trouvera moins nombreux & d'un plus foible rapport; mais auſſi il faut que le Souverain retire de ſes peuples un revenu ſuffiſant pour faire face aux affaires communes de la Nation, par exemple, pour entretenir de puiſſans Corps de troupes & une Marine formidable, pour faire de nouvelles Places de guerre où il eſt néceſſaire, entretenir la juſtice & la police dans l'Etat, avoir toujours des fonds conſidérables à diſtribuer pour récompenſer le mérite & les ſervices rendus à la Patrie, afin d'entretenir dans ses sujets un zele & une émulation pour les intérêts de la Couronne. Ce sont les richesses qui sont l'appui du Trône, & la sûreté des Peuples: un Roi qui n'a pas le pouvoir de faire de grands biens, n'a qu'une puissance limitée; rarement peut-il gouverner l'Etat avec avantage pour son autorité, & pour le bien commun de la Société: il faut donc qu'à proportion que les revenus des particuliers augmenteront, ceux du Roi augmentent aussi, afin de se trouver toujours dans un degré de puissance proportionnée pour les pouvoir contenir. Quelle seroit la puissance de notre Monarque, heureusement régnant, si ses revenus n'étoient pas plus considérables que du tems de François I? Un Roi ne sçauroit être trop riche, pourvu que ses revenus ne portent point d'obstacle à l'Agriculture, au Commerce, ni à la Population. De la maniere dont nous avons établi toutes ces choses dans notre systême, le cinquieme du Roi perçu sur les profits de la Compagnie d'Agriculture, ne nuira en rien à l'Agriculture & au Commerce. Il restera toujours suffisamment de fonds entre les mains des peuples, pour les encourager au travail & à l'économie de leurs affaires particulieres, & pour accroître de plus en plus les richesses de l'Etat; mais s'ils en avoient davantage, il seroit à craindre qu'ils ne tom-

bas-

bassent dans l'inaction & la mollesse, qui sont les suites d'une aisance privées d'émulation; au-lieu que les trésors que le Prince dispense à propos sur ceux de ses sujets qui le méritent, excitent une émulation continuelle, qui ne laisse aux peuples aucun instant dans l'oisiveté, & c'est le seul moyen qui puisse les rendre heureux. Suivant cette vue politique, j'ai trouvé que la cinquieme partie prise sur tous les profits nets de la Compagnie, étoit la proportion la plus convenable qu'on pût assigner: elle est assez considérable pour intéresser le Souverain à tout ce qui pourra contribuer à l'amélioration de cette entreprise; & les personnes préposées pour veiller aux intérêts du Souverain, veilleront pareillement à celui des intéressés, ce qui produira un bien considérable pour les uns & pour les autres.

Par l'exposé que nous avons donné de la Compagnie d'Agriculture, le Lecteur aura vu sans-doute que l'Ouvrage n'est qu'ébauché, & qu'il manque quantité de parties intéressantes à notre système.

1. Il faut un Traité d'Agriculture physique & raisonné, suivant la pratique la plus conforme à la nature des Plantes & au climat de chaque Province.

2. Un Traité général des différens arrangemens que cette Compagnie doit mettre en usage pour procurer l'amélioration de toutes les terres du Royaume, en se servant de tous les moyens que la Nature

& l'Art nous mettent en main : tels ſont le projet des arroſemens généraux, l'amélioration des terres par les terres mêmes ; ouvrage qui ne peut produire ſon utilité qu'entre les mains d'une Compagnie générale, qui trouvera ſon intérêt à lever tous les obſtacles qui ſe rencontreroient à un pareil projet pour de ſimples particuliers.

3. Il faut auſſi donner des moyens pour défricher toutes les landes du Royaume, & répandre dans les terreins les plus arides une fécondité, avec le ſecours des améliorations générales ; ce qui convient très-bien à notre Compagnie d'Agriculture.

4. Il manque auſſi des moyens pour que la Compagnie puiſſe établir de nouveaux haras, afin d'avoir des chevaux à la ſauvage dans les pâturages des Montagnes, & d'autres haras de chevaux de harnois dans les pâturages des Plaines. Il faudroit pareillement avoir des moyens pour changer l'eſpece des moutons & des vaches du Royaume, afin d'avoir de plus belles laines, plus de laitage, & une chair plus délicate, & en plus grande quantité que nous ne l'avons actuellement.

5. Il manque une idée générale ſur les canaux de navigation, ſur la communication des rivieres ; ce qui peut donner au Commerce une plus grande facilité, & les moyens de mettre en valeur les bois, les matieres & les denrées qui ſont

dans

dans les Montagnes & dans tous les Pays éloignés du Commerce : cette partie tient en quelque ſorte aux arroſemens & à l'amélioration des terres.

6. On doit avoir un plan général ſur la Plantation des meuriers, des bois, des vignes, des prairies, & de toutes les choſes qui intéreſſent notre Commerce.

7. Une connoiſſance exacte de toutes les Carrieres de marbre, de pierre, d'ardoiſe & de plâtre, pour pouvoir en tirer le meilleur parti qu'il ſera poſſible, que la Compagnie fera exploiter à ſon profit & voiturer pour les bâtimens publics. Il faudra auſſi une Deſcription de toutes les mines, minéraux & autres foſſiles, afin que la Compagnie qui en ſera chargée, prenne ſes dimenſions pour les mettre en valeur de la maniere la plus avantageuſe pour l'Etat & pour elle-même. Ces entrepriſes tiennent à une infinité d'objets qui ſont acceſſoires les uns des autres, les bois, les fourrages, les voitures par eau & par terre. La main-d'œuvre pour l'exploitation de toutes ces choſes, ne ſçauroit convenir qu'à une Compagnie qui ſoit propriétaire des fonds de terre, & qui ait tout à ſa diſpoſition : ainſi cette entrepriſe ſera une branche fort étendue de ſon Commerce, & ne contribuera pas peu au progrès des Arts & du Commerce de la Nation.

8. Il faudra de nouveaux réglemens de Police pour les perſonnes qui compoſeront

ront la claſſe des Artiſans & des Ouvriers de toute eſpece, afin de preſcrire un nouvel ordre qui maintienne le bas-peuple dans le devoir pour les Arts & les Travaux de la Campagne.

9. Comme toutes les conditions ſe recrutent les unes par les autres, les ſupérieures par les inférieures, & qu'il n'y a encore eu aucun moyen d'imaginé pour recruter la derniere, celle du bas-peuple qui fait pourtant une partie très-importante pour les travaux pénibles, cette piéce eſſentielle manque au ſyſtême général, ainſi que toutes celles que nous avons indiquées ci-deſſus, pour perfectionner l'ouvrage qui a trait à la Compagnie d'Agriculture : un pareil ſyſtême ſe trouveroit très-limité, ſi nous nous bornions aux ſeuls avantages de l'Agriculture du commerce des denrées & des matieres premieres. Il faut bien d'autres agens & faire mouvoir bien d'autres reſſorts pour rendre un Etat heureux ; & employer tous les peuples à des occupations utiles pour eux & pour la Société : il n'eſt pas poſſible que la terre qui leur fournira la nourriture & leurs premiers beſoins, puiſſe ſuffire pour les occuper tous. Nous avons dit précédemment qu'une Nation n'étoit puiſſante qu'à proportion du grand nombre de ſes habitans & de leur induſtrie. Juſqu'ici nous n'avons parlé que de la terre & de ſes productions, ce qui doit faire le ſujet de la premiere partie de cet Ouvrage.

La

La seconde partie aura pour objet tout le peuple en général, son industrie dans les Arts, les Sciences & le Commerce.

Comme nous avons donné l'idée d'une Compagnie qui aura la direction des productions de la terre, nous donnerons pareillement le projet d'une Compagnie générale de Commerce, qui comprendra la plus grande partie des citoyens du Royaume, où tous les états & toutes les conditions auroient part, à-peu-près de-même que nous avons formé le plan de l'établissement de la Compagnie d'Agriculture. Cette Compagnie de Commerce se gouvernera presque sur les mêmes principes que l'autre; tout le pouvoir & l'esprit de cette Compagnie dépendront d'un Bureau général de Commerce, semblable au Bureau général d'Agriculture, qui se tiendra à Paris, & qui distribuera ses ordres à des bureaux particuliers, un dans chaque Généralité & dans les grandes Villes maritimes du Royaume: ces bureaux particuliers seront composés des principaux membres de cette Compagnie, qui résideront dans les Villes où seront les bureaux. Cette Compagnie aura le soin en général des Manufactures en tout genre du Royaume, & du Commerce en gros, tant du dedans que du dehors, à l'exception de la partie des denrées, & des matieres non fabriquées, qui seront produites du crû des terres. Cette Compagnie, sans jouir d'aucun privilege exclusif, fera cepen-

cependant elle ſeule fabriquer toutes les marchandiſes qui entretiennent le Commerce, parce qu'elle ſeule pourra le faire à des prix d'un tiers plus bas qu'on ne les fabrique actuellement. Elle commencera à vendre ces marchandiſes en gros par-tout où pourra s'étendre ſon Commerce; la Marine marchande & une bonne partie des bateaux ſeront à elle; les profits ſeront partagés, de-même que ceux de la Compagnie d'Agriculture; & le Roi aura la cinquieme partie ſur tout le gain net qu'elle fera.

Il y aura des Maiſons ou Ecoles Civiles & Militaires, pour y recevoir la Jeuneſſe à un certain âge, où chaque condition, chaque ſexe trouvera des inſtructions & des occupations convenables à leur état & à leurs inclinations, & en même tems avantageuſes pour leurs intérêts & pour celui de l'Etat; deſorte que quelque nombreux que ſoit le peuple, on trouvera par ce moyen de quoi occuper utilement tous les ſujets & les rendre heureux.

On verra dans tous ces arrangemens des points de vue qui affermiront la Puiſſance Légiſlative, & reſſerreront de plus en plus les nœuds qui attachent & augmentent l'affection des peuples envers leur Souverain. Tous les bénéfices que fera cette Compagnie, ſeront repartis en général ſur tous les ſujets du Royaume, depuis les plus grands juſqu'aux plus petits;

tits; desorte que chacun pourra en jouir d'une maniere proportionnée à son état, à sa fortune actuelle, & à ses talens particuliers. Ce système général bannira la misere; on ne verra plus de gens oisifs parmi le peuple. Pour établir toutes ces choses sur des principes stables & permanens, je me sers des moyens que fournit la nature même, & qui sont connus pour être du goût du peuple, & capables de flatter leur amour-propre, exciter leur ambition, & favoriser leur intérêt particulier; enfin il sera des ressources dans lesquelles le Roi trouvera ses forces & sa puissance augmentée, non seulement sur ses sujets, mais encore pour se faire respecter par toutes les Puissances étrangeres. Par l'harmonie que j'établis dans ce nouveau système entre ces deux Compagnies de Commerce & d'Agriculture, les Politiques verront que l'un & l'autre se prêtent des secours mutuels, qui les feront fleurir perpétuellement, en procurant un vrai bonheur au peuple, parce que ce nouveau système trouve la solidité de ces établissemens dans les vues d'intérêt, de gloire & d'ambition, qui sont naturelles aux Hommes en général, & à la Nation Françoise en particulier, & en même tems très-conformes à la politique actuelle de notre Gouvernement.

La troisieme partie de cet Ouvrage aura pour objet les impôts mis sur les peuples, indépendamment de ce qui aura été im-

imposé sur l'industrie des Compagnies, qui seront toujours proportionnés à leurs facultés, & suffisans pour remplir convenablement les besoins de l'Etat dans tous les tems & dans toutes les circonstances. Cette balance entre le Souverain & son Peuple, affermira l'autorité du Prince, ainsi que l'amour & le zele de ses Sujets: ce qui viendra en partie d'une nouvelle méthode de les percevoir, que je donnerai, & qui sera plus simple, moins embarrassante, moins onéreuse au peuple, & plus avantageuse pour le Roi. On entrera dans tous les points de vue de la politique la plus recherchée; & par un parallele du nouveau systême & du systême général actuel, on fera voir combien il est plus utile au Gouvernement de préférer la nouvelle méthode à celle qui se pratique actuellement, tant pour la sûreté de la Puissance Législative, que pour l'augmentation des revenus de l'Etat; car outre que des Troupes nombreuses seront entretenues dignement, la Marine soutenue d'une maniere supérieure, les Places de guerre bien tenues, & des récompenses données au mérite, tant militaire que civil, pour les services rendus à l'Etat, toutes ces dépenses distraites, il restera encore tous les ans au Roi une épargne de plus de 400 millions, dont il pourra disposer à sa volonté, sans compter une somme de 100 millions, qui sera employée tous les ans aux embellissemens du Royau-

Royaume, suivant un plan général que nous donnerons, & qui fera la derniere partie de cet Ouvrage.

Les réglemens que j'ai proposés dans la premiere partie, & ceux qu'on trouvera dans le nouveau systême de Finances, feront disparoître l'usure, faciliteront la circulation des especes, mettront toutes les forces de l'Etat en action, feront fructifier toutes les parties qui forment le corps politique du Gouvernement. Par ces moyens, & les différens ressorts qui seront l'ame de cette partie, le Roi trouvera à la longue, comme je prétends le démontrer, le secret de payer toutes les dettes nationales, de retirer d'entre les mains des Engagistes les biens du domaine, sans que cela porte préjudice à ceux qui les possédent actuellement; & ce qu'il y aura encore de plus intéressant, c'est que le Roi sera en état de rembourser toutes les Charges du Royaume autant qu'il paroîtra nécessaire pour le bien des peuples. Tous ces objets sont autant de points de vue de politique, qui n'ont jamais été traités par un systême général, conforme aux inclinations naturelles des hommes & aux Loix fondamentales du Royaume. Si nous ne disions rien des forces militaires, l'Ouvrage seroit imparfait; c'est pourquoi la quatrieme partie comprendra les forces militaires, tant par mer que par terre, la nature des troupes, leur discipline, leur récompense, soit en argent, soit par des dignités ou des grades qui seront dûs au service & au mérite, selon les classes des différentes troupes. En conséquence on fera un détail des devoirs qu'ils seront obligés de remplir, tant en guerre qu'en paix.

La Marine sera formée sur les mêmes principes; & les récompenses, ainsi que les appointemens, seront proportionnées à l'importance des services & des dangers, où sont continuellement exposés les troupes de mer, par comparaison avec les troupes de terre.

On fera voir par un parallele politique, que ces différens Corps de troupes seront très-dépendans du pouvoir du Souverain, par l'affinité qu'ils auront avec l'Agriculture, les Arts méchaniques, le Commerce & la Finance, de maniere que quelque nombreuses que soient les troupes dans le Royaume, elles ne pourront jamais porter d'atteinte aux parties essentielles du Gouvernement; au-contraire, je démontrerai qu'il subsistera dans le tout une si grande liaison, que plus les branches de l'Agriculture & du Commerce seront étendues, plus les forces, tant de terre que de mer, seront considérables, sans que pour cela elles puissent être à charge; car les troupes trouveront par ce systême nouveau toutes les commodités pour la nourriture & l'entretien, & les moyens faciles de se recruter, de-même que toutes les récompenses, sans que cela coûte à per-

personne. On prouvera qu'en moins de dix années de tems, si le Roi fait usage de ces projets, il n'y aura dans le Monde aucun Souverain qui puisse avoir plus de soldats; ses troupes, tant en paix qu'en guerre, monteront à plus d'un million de soldats bien disciplinés, instruits dans l'Art militaire, & autant aguerris qu'il est possible de l'imaginer chez une Nation qui, comme la Françoise, aime la profession des Armes. Ce qui fait l'excellence de ce systême pour le militaire, c'est que ces différens Corps seront composés de trois classes ou conditions qu'il y a actuellement en France, sçavoir, la Noblesse, les Bourgeois vivant noblement, & les Artisans; on laissera les Paysans pour cultiver les terres, & faire les travaux de la campagne: ces trois classes seront séparées, & cependant dirigées & contenues les unes par les autres; de maniere qu'elles formeront un tout absolument sous la dépendance du Souverain, & dont le service maintiendra dans tout le Royaume l'Autorité Législative, afin que la Police & les Loix ayent leur entiere exécution; & en même tems elles imprimeront le respect au dehors à toutes les Nations qui voudroient tenter de troubler la tranquillité du Royaume, ou faire obstacle à notre Commerce. Toutes ces vues me paroissent conformes au systême actuel du Gouvernement.

La cinquieme partie contiendra de nouveaux établissemens qui ont pour but l'embellissement du Royaume, en commençant par la Capitale, & ensuite par les Villes principales des Provinces: ces embellissemens consisteront dans la construction des édifices publics & nécessaires, comme Hôtel-de-ville, Logement des Cours Souveraines, ceux des principaux Magistrats, les places publiques, les ponts, les quais, les ports, & la juste distribution des eaux pour l'usage des habitans & la propreté des rues. On aura soin pareillement des décorations des maisons particulieres, sur-tout du côté de la rue, pour donner une régularité & une uniformité aux façades selon le goût le plus conforme à nos usages. L'embellissement du dedans de tous ces bâtimens publics seront encore l'objet du système nouveau.

Ces nouveaux établissemens ne se borneront pas aux seules décorations de l'intérieur des Villes; ils s'étendront aussi sur les jardins publics, les promenades, les chemins & les canaux qui servent de décorations extérieures aux Villes: il en sera de-même de l'ornement des campagnes, par la forme nouvelle, commode & riante qu'on donnera aux Châteaux de plaisance: on trouvera l'utile joint à l'agréable dans tous les édifices publics & particuliers. Le prin-

principal objet de ces nouveaux établissemens, sera dans la construction des vaisseaux de haut bord, des navires marchands, des barques & bateaux, des écluses, des ports de mer; les fortifications pour assurer les frontieres du Royaume, les Maisons Royales, les Maisons de Manufactures, les Hôpitaux. Les Maisons de force seront toutes dépendantes de cette entreprise; il y aura tous les ans, comme nous l'avons dit, un fonds de 100 millions, qui sera employé à tous ces ouvrages publics: outre cela, j'indiquerai les moyens pour que ces travaux, quoique magnifiques, ne reviennent pas au tiers de la dépense qu'il en coûteroit suivant l'usage ordinaire. Quant aux bâtimens des particuliers, on les fera payer un tiers moins que ce qu'on donne aux Entrepreneurs actuels; & il y aura cependant encore un bénéfice considérable pour la Compagnie, qui sera employé aux progrès des embellissemens publics: cela accélérera de toutes parts les travaux, de maniere que dans l'espace de dix ans, tous les édifices publics auront pris une forme nouvelle; ce qui ramènera le bon goût naturel à la Nation pour la magnificence des bâtimens. On pourra compter qu'en moins de vingt ou trente années il n'y aura point de Ville en France, qui ne paroisse bâtie à neuf sur des modeles agréables à la vue, commodes pour l'usage & utiles pour la santé. Les avantages que l'Etat retirera de toutes ces entreprises, seront considérables; car en répandant 100 millions tous les ans dans le Public pour ces travaux, on donnera un état permanent à quantité de citoyens qui n'en ont point, on inspirera à la Nation un goût pour le sublime en tous genres. L'aspect de tant d'ouvrages somptueux sera un puissant motif d'émulation qui portera l'Agriculture, les Arts méchaniques, les Sciences & le Commerce à un degré éminent, & fera rejaillir sur toute la Société des biens à l'infini, par la finance qui circulera davantage, par la population qui augmentera à coup sûr: les Etrangers enchantés de toutes ces beautés, s'empresseront à venir s'établir parmi nous, lorsqu'ils verront les richesses les plus précieuses de la Nature étalées par-tout aux yeux des spectateurs; mille commodités accompagnées d'ornement, distribuées avec goût, chasseront les restes de barbarie qui ne régnent encore que trop parmi nous: les Beaux-Arts, plus que toutes autres choses, sont les principes de l'urbanité, de la politesse & des bonnes mœurs. Ainsi une Nation qui les cultiveroit avec tout le succès qu'on doit attendre d'un pareil projet, où aucun citoyen ne seroit inutile ni indigent, atteindroit bien-

bientôt le vrai bonheur qui se trouve dans un nécessaire honnête, & dans la vertu qui sçait modérer l'ambition compagnie du vice. Ces établissemens qui se trouveroient favorables à la population, occasionneroient un nombre infini de mariages, & couperoient racine à quantité de désordres: ainsi le nombre du peuple s'accroîtroit de jour en jour; & je crois pouvoir assurer sans exagération, que dans le court espace de dix ans les habitans du Royaume seroient plus que doublés; mais comme de si beaux établissemens auroient frayé la route à une réforme générale, il ne seroit pas difficile alors d'en faire sur la plupart de nos Loix, qui sont trop compliquées, trop embarrassantes & trop multipliées: alors on verroit bien mieux qu'à-présent la nécessité de faire de nouveaux réglemens de Police, plus conformes aux hommes & aux mœurs de ce tems heureux, afin de les obliger à ne point s'écarter des principes de la sagesse, qui sont les vrais liens de la Société, & servent de frein aux peuples pour les empêcher de tomber dans des écarts contraires au salut de l'Etat, & de la Monarchie, qui mériteroit alors mieux que toute autre le titre pompeux de médiatrice entre toutes les autres Nations.

Nous terminerons ces vues politiques à ces seuls objets, qui suffiront pour

pour appuyer le ſyſtême que j'ai avancé. Le Lecteur aura la complaiſance de ſuſpendre ſon jugement, juſqu'à ce qu'il ait eu tout l'Ouvrage, afin qu'il puiſſe, en rapprochant toutes les parties, en former un tout que je ſoumets de bon cœur à ſa déciſion.

J'eſpere que cet Ouvrage aura ſes partiſans, quand on aura découvert les marches & les diverſes combinaiſons de toutes les pieces dont il eſt compoſé: on verra ſi toutes choſes ont été bien ménagées, ſuivant la force, l'étendue & la nature du ſujet, & toujours relativement aux mœurs de la Nation, au ſyſtême politique actuel du Gouvernement, à la nature du Climat, & au génie des François.

FIN.